資質・能力の育成をめざす！
子どもが思考し表現する理科の授業づくり

無藤　隆／栗原淳一
編著

ななみ書房

まえがき

　本書は，学級担任として理科を教えている先生方，子どもがさらに思考し表現する理科授業を創造したい先生方，教師を目指し理科の授業づくりを学ぶ大学生を対象にまとめたものです。

　21世紀に求められる能力育成の観点から，学校教育における子どもの資質・能力の育成が，今後ますます重視されます。特に，資質・能力の育成を目指す学びをつくるためには，「問い」が重要となります。教師は「本質的な問い」を投げかけ，言語活動を充実させて子ども自身の問いを生み出させます。そうすることによって，子どもたちは永続的な理解に至る問題解決的・探究的な学びに向かいます。こうした子ども自身の問題を追究する，問題解決的・探究的な学びの過程をどうつくれば良いのでしょうか，どう指導すれば子どもたちが思考し表現して理科の学びを深めるのでしょうか。

　その視点は，理科授業の構造の理解とともに子どもへの働きかけのポイントを理解すること，そして，先生方自身が言語活動を評価できるようになることであると考えます。

　そこで，第一部では，理科の授業づくりに必要な考え方を解説しました。特に，学力の捉え方やその指導，思考力・表現力の育成に重要な言語活動，次期学習指導要領の考え方，授業づくりのポイント，言語活動の評価について，理科教育の研究成果なども織り交ぜながら解説しました。第二部では，理科授業の事例を内容区分ごとに各学年一例ずつ示し，実践の中にある知を紡ぎ出し，子どもが思考し表現する授業づくりをイメージしやすいようにポイントを解説しました。

　子どもの学力は一朝一夕に育成できるものではありませんが，本書で示した考え方やポイントをそれぞれの先生方が取り入れられる形で実践していただくことで，理科の授業における子どもたちの思考力・表現力が伸長していくことを実感していただけることを期待しています。本書が，日々の授業改善，校内研究の充実，学生の指導力向上など，理科の授業づくりに向き合う先生方やこれから教壇に立つ学生のお役に立てば幸いです。

　本書をご執筆いただいた諸先生方，本書をまとめるにあたりお世話になりました帝京平成大学の永田学先生に厚く御礼申し上げます。また，本書出版の実現に向けて多大なご支援をいただきました，ななみ書房代表取締役の長渡晃氏に心より感謝申し上げます。

2016年7月7日

　　　　　　　　　　　　　　　　　　　　　　　　　　　　　　無藤　　隆
　　　　　　　　　　　　　　　　　　　　　　　　　　　　　　栗原　淳一

もくじ

まえがき

第1部　子どもが思考し表現する理科授業

① 小学校理科が目指す学力 …………………………………………………… 5

❶ 学習指導要領における学力とその指導とは（無藤）　5
❶ 学校教育法の改正と学力の3要素　5
- ❶ 中教審答申の趣旨　5
- ❷ 学力をいかに捉えるか　6
- ❸ 自ら学び自ら考えるとは　6
- ❹ 学ぶ意欲とは　7
- ❺ バランスの取れた見方と社会の中で生きる学力へ　7
- ❻ 習得・活用・探究へ　7
- ❼ 理科の指導要領の考え方　8

❷ 知識・技能を活用する教育のあり方について　9
- ❶ 基礎的・基本的な知識・技能とは何か　9
- ❷ 習得と活用のサイクルを作る　9
- ❸ 知識の組織化として活用をとらえる　9
- ❹ 活用での思考活動を確かなものとする　10
- ❺ 活用での発展的な課題を用意する　10
- ❻ 探究へと広げていく　10
- ❼ 言語により報告し論述する　11

❸ 考える力は表現によって深まり，表現し合うことで志向が共有される　11
- ❶ 思いを表す言葉を適切なタイミングで与える　12
- ❷ 体験と言葉の距離を意識し発達段階に応じた指導を　13

❷ 学習指導要領の改訂への動向を受けて理科教育はどう変わるか（無藤）　14
❶ 資質・能力に注目する　14
❷ 相互連動する指導のあり方へ　14
❸ 各教科等の本質に根ざした「見方や考え方」について　15
❹ 小学校理科における資質・能力の例と特徴的な見方・考え方とは　16
- ❶ 個別の知識や技能　16

- ❷ 思考力・判断力・表現力等　16
- ❸ 主体的に学習する態度　16
- ❹ 理科の各領域における特徴的な見方　16
- ❺ 理科の各領域における特徴的な見方の整理例（小学校の場合）　17

③ 思考力・判断力・表現力の育成と言語活動の充実（栗原）　18
- ❶ 「思考力・表現力」の育成　18
  - ❶ 現状と課題　18
  - ❷ 「思考力・表現力」を育成するための「言語活動の充実」　18
- ❷ 充実した言語活動を生み出し学びをつくる教師の指導力　19
- ❸ 理科における問題解決の過程と言語活動　21

② 子どもが思考し表現する授業をどうつくるか　……………………………　24

① 思考し表現する授業づくり（栗原）　24
- ❶ 問題を把握させるポイント　24
- ❷ 予想，仮説を立てさせるポイント　28
- ❸ 見通し・目的意識をもった観察・実験をさせるポイント　33
- ❹ 結果を整理させるポイント　39
- ❺ 考察・結論を導出させるポイント　40

② 言語活動をどう評価するか（益田）　42
- ❶ 「読解をもとにした表現」としてのメタファ（比喩的な表現）　42
- ❷ 教室に特有な発話連鎖の構造　44
- ❸ カテゴリーの詳細分析による言語活動分析のヒント　44

第2部　子どもが思考し表現する理科の授業づくりと指導の実際

① 第3学年の理科授業

- Ⓐ ［物質・エネルギー］　磁石の性質（小池）　52
- Ⓐ ［物質・エネルギー］　物と重さ（川原）　58
- Ⓑ ［生命・地球］　昆虫と植物（佐藤）　64
- Ⓑ ［生命・地球］　太陽と地面の様子（鳥居）　70

② 第4学年の理科授業

- **A** ［物質・エネルギー］ 電気の働き（鳥居） 76
- **A** ［物質・エネルギー］ すがたを変える水 （増田） 82
- **B** ［生命・地球］ 人の体のつくりと運動（青山） 88
- **B** ［生命・地球］ 月と星（青山） 94

③ 第5学年の理科授業

- **A** ［物質・エネルギー］ 電流の働き（髙橋） 100
- **A** ［物質・エネルギー］ 物の溶け方（増田） 106
- **B** ［生命・地球］ 植物の発芽，成長，結実（川原） 112
- **B** ［生命・地球］ 天気の変化を調べよう（日暮） 118

④ 第6学年の理科授業

- **A** ［物質・エネルギー］ てこのはたらき（髙橋） 124
- **A** ［物質・エネルギー］ 燃焼の仕組み（阪本） 130
- **B** ［生命・地球］ 植物の養分と水の通り道（佐藤） 136
- **B** ［生命・地球］ 土地のつくりと変化（阪本） 142

第1部

子どもが思考し表現する理科授業

1 小学校理科が目指す学力

1 学習指導要領における学力とその指導とは

❶ 学校教育法の改正と学力の3要素

❶ 中教審答申の趣旨

現行の学習指導要領は学校教育法の改正を受け，学力とその指導の基本を改めて明確にして設計された。それは中央教育審議会答申（「幼稚園，小学校，中学校，高等学校及び特別支援学校の学習指導要領等の改善について（答申）」2008年1月17日）において，その趣旨が示された。

すなわち，知識基盤社会の到来やグローバル化の進展の中で，次世代を担う子どもたちには，幅広い知識と柔軟な思考力に基づいて判断することや，他者と切磋琢磨しつつ異なる文化や歴史に立脚する人々との共存を図ることなど，変化に対応する能力や資質が一層求められていると言う。

一方，近年の国内外の学力調査の結果などから，我が国の子どもたちには思考力・判断力・表現力等に課題がみられる。これら子どもたちをとりまく現状や課題等を踏まえ，平成17年4月から，中央教育審議会において教育課程の基準全体の見直しについて審議が行われた。この見直しの検討が進められる一方で，教育基本法，学校教育法が改正され，知・徳・体のバランス（教育基本法第2条第1号）を重視し，学校教育においてはこれらを調和的に育むことが必要である旨が法律上規定された。

学校教育法第30条の第2項において，同法第21条に掲げる目標を達成する際に，留意しなければならないことが次のように規定された。

> **第30条**
> 2　前項の場合においては，生涯にわたり学習する基盤が培われるよう，基礎的な知識及び技能を習得させるとともに，これらを活用して課題を解決するために必要な思考力，判断力，表現力その他の能力をはぐくみ，主体的に学習に取り組む態度を養うことに，特に意を用いなければならない。

ここには，学力の重要な3つの要素が示されている。

① 基礎的・基本的な知識・技能

② 知識・技能を活用して課題を解決するために必要な思考力・判断力・表現力等
③ 主体的に学習に取り組む態度

これを受けて，2008（平成20）年答申において学習指導要領の改訂の基本的な考え方として，次の7点を示したのである。
① 改正教育基本法等を踏まえた学習指導要領改訂
② 「生きる力」という理念の共有
③ 基礎的・基本的な知識・技能の習得
④ 思考力・判断力・表現力等の育成
⑤ 確かな学力を確立するために必要な授業時数の確保
⑥ 学習意欲の向上や学習習慣の確立
⑦ 豊かな心や健やかな体の育成のための指導の充実

❷ 学力をいかに捉えるか

学力において繰り返し強調されてきたのはいわゆる基礎学力である。時に基礎基本と呼ばれ，基礎と基本を分けて論じることもある。ただ，その実質が何を指すかは曖昧であり，論者により，その時代により様々なものを指している。広くとらえれば，義務教育で教えること全体が基礎学力である。狭くとらえると，算数の計算技能のように，その後の学習で広く用いるものを指すことがある。学習指導要領では「基礎・基本」を指導要領全体を指し，「基礎的な知識・技能」は学力の要素の一つとして使っている。

学校現場では，少なくとも3つの意味で「基礎」を使っている。一つはその後の学習において当然の前提として当てにされ，使われるものである。学習が高度になるにつれ，その基礎は複雑な学習のいわば単位過程として使われるので，そこが確実に遂行できないと困る。もう一つは社会人としての仕事に使われるものである。手紙の書き方などはしばしば例に挙げられる。第三として，どういった場面でも中身や手順が変わることなく，常に同一の正しいやり方があるというものである。それらの各々の位置づけを考える必要がある。

❸ 自ら学び自ら考えるとは

学力を自ら学び考える力に重点を置いてとらえる立場がある。学校が教師が教え，生徒が学ぶであるとしても，いずれ生徒は教師なしに仕事をするようになる。だとすれば，初めから教師なしで学ぶように育てていくべきではないか。そもそも通常の授業にせよ，教師が教えて，子どもが受け身で覚えれば，学習が成り立つかと言えば，そうではない。子どもが積極的に自ら学ぼうと意志を持って，自分なりに考え，教師の教えたことを自分の中に取り入れねばならない。その取り入れ方は既に子ども自身が知っていることとのつながりの中で可能になるのだから，子ども独自の学び方にならざるを得ない。

そういった意味で，自ら学び考えるとは教育のあるべき姿を実現することだとも言える。だが同時に，生徒にそうなってほしいと願えばそうなるというものではない。だから，授業において自ら学べ，自ら考えよ，という指示にはほとんど効力がない。実態に即して言えば，自ら学び考える力を育てていくには教師が教えないといけない。生徒に自由を与えれば，自ずと学ぶとは言い難い。適切な教材と適切な指示や説明の下での学ぶべき事柄に向けての学習活動を成り立たせる必要がある。ただ，そこに自ら学び自ら考えることに進むステップを含み込むことに指導のポイントがある。

❹ 学ぶ意欲とは

学力の3要素の考えでは，主体的に学ぶ態度を一つとして置き，そこに学ぶ意欲を学力に入れることの根拠としている。なお，態度であるとは，学ぶ力や意義の獲得もそこに入れて考えるとよい。学習指導要領では学ぶ意欲を確保し育てることを指導上の重要な観点としているのである。キーコンピテンシーのような考え方でも，学ぼうとする姿勢や向上心や意欲は大事な構成要素となる。実際，自ら学ぶ意欲のないところで学ばさせることは至難の業だし，長期的には効率が下がり，せっかく学んだ知識を忘れていく元となる。学校の授業を離れても学び考えることを維持させるためにはその意欲が不可欠である。

学ぶ意欲が大事であるとしても，その喚起の仕方や維持の仕方については様々な見方があり，接近の仕方がある。子どもの側にはそういった意欲が元々あり，駄目にさせる圧力さえなければ，機能するのだという楽観的見方がある。適切で面白い題材を用意して，子どものペースで学ばさせれば，意欲はそこで生まれ，育つのであるという見方がある。

そういった内発性を強調するものに対して，教師がほめることが大事だとか，点数や成績や褒美で誘導する外発性を重視する立場もある。その折衷や統合もあるだろう。肝腎な点はどの立場にせよ，学力を学ぶ活動の維持のための力として見るならば，意欲はその不可欠な要素であるということである。

❺ バランスの取れた見方と社会の中で生きる学力へ

学習指導要領では，上記のような様々な考え方のどれにも一理があり，どれも無視できないということが理解され，そのバランスをこそ重視するという方向に向かった。特に国の学校への方針が種々の考え方の特定の極に揺れすぎることは現場の混乱を招くという反省がある。また現代の学校に対する多種多様な期待に対して一定程度応じていくにはバランスを取っていかざるを得ないということでもある。といっても，機械的バランスではかえって，虻蜂取らずになる。その間のつながりを図って，教育課程に実現する必要があり，授業の進め方の指針となる必要がある。

そのつながりをつけ，全体としての学力のまとまりをとらえる見方が「生きる力」とか「キーコンピテンシー」といった考え方である。それは学校卒業の後，社会の中で活躍できるための力を同定し，それに向けて，学校の教育課程を設計し，そこでの学力を規定するとらえ方なのである。

❻ 習得・活用・探究へ

そういったバランスを具体的には，習得・活用・探究の指導過程として表した。

習得とは基礎的・基本的な知識・技能を獲得することを指している。それらは，計算技能に代表されるように，その後の学習で使われるものであり，また文脈や状況でそれ自体が変化するといったものではない。だから繰り返しの反復練習により確実に習得し，不十分なら丁寧に補習を行い，その後の学習の基礎となるようにする。

活用とはそういった習得した知識・技能を現実に近い複雑な場面で用いて，課題解決を行い，教科の原理・原則との関連で理解することである。単なる応用ということではない。むしろ，学んだことをどう適用するかがすぐには見えず，改めて原則に戻って考え直すことを求める中で，原則の理解が確実になることを狙っている。そこでは教材を適切に提示し，その教材との対話を教師の説明や指示に

基づいて進めるのである。

それらに対して，探究はむしろ子どもの課題の発見に力点を置き，課題の解決のために多くの情報源から知識を収集整理し，また自ら体験することを合わせて，課題の背後にある社会的に重要な問題へと理解を進めることを主眼とする。活用と異なり，教師側の理解させたい具体的な知識群が想定されているとは限らない。

ここでは，科学的な観察・実験の技能などは基礎的な技能に属する。科学的な言葉や概念はそれが理論的なつながりがさほどないものなら基礎的な知識として習得すべきものとなるが，科学的な理論の理解の中での知識ということなら活用の指導において形成される知識の組織化を指すことになる。主体的な態度とはそれらを積極的に学ぼうとする姿勢であり，学ぶ際の技能を含めていく。

❼ 理科の指導要領の考え方

上記を踏まえ，改めて理科の指導要領の考え方を吟味してみよう。理科の小学校理科の現行の指導要領の方針は次のようにされている。

① 基本方針

(ア) 理科については，その課題を踏まえ，小・中・高等学校を通じ，発達の段階に応じて，児童が知的好奇心や探究心をもって，自然に親しみ，目的意識をもった観察・実験を行うことにより，科学的に調べる能力や態度を育てるとともに，科学的な認識の定着を図り，科学的な見方や考え方を養うことができるようにする。

(イ) 理科の学習において基礎的・基本的な知識・技能は，実生活における活用や論理的な思考力の基盤として重要な意味をもっている。また，科学技術の進展などの中で，理数教育の国際的な通用性が一層問われている。このため，科学的な概念の理解など基礎的・基本的な知識・技能の確実な定着を図る観点から，「エネルギー」，「粒子」，「生命」，「地球」などの科学の基本的な見方や概念を柱として，子どもたちの発達の段階を踏まえ，小・中・高等学校を通じた理科の内容の構造化を図る。

(ウ) 科学的な思考力・表現力の育成を図る観点から，学年や発達の段階，指導内容に応じて，例えば，観察・実験の結果を整理し考察する学習活動，科学的な概念を使用して考えたり説明したりする学習活動，探究的な学習活動を充実する。

(エ) 科学的な知識や概念の定着を図り，科学的な見方や考え方を育成するため，観察・実験や自然体験，科学的な体験を一層充実する。

(オ) 理科を学ぶことの意義や有用性を実感する機会をもたせ，科学への関心を高める観点から，実社会・実生活との関連を重視する内容を充実する方向で改善を図る。また，持続可能な社会の構築が求められている状況に鑑み，理科についても，環境教育の充実を図る。

第一に，知的好奇心・探究心は主体的に学ぶ態度の大事な要素である。

第二に，科学の基本的な見方や概念を獲得できるようにする。そのために，基礎的・基本的な知識・技能の定着を図る。それは，習得と活用のサイクルの中で育つもののはずである。

第三，学習活動として活用を中心として行くことになる。探究活動はその発展となり，理科や総合的な学習の時間で行われる。

第四，観察・実験や自然・科学体験を重視するのは「言葉と体験」という指導要領の趣旨を示す考えから来ているのであるが，それは体験を大事にしつつ，言葉につなげるという方向を持っている必要がある。
　第五，理科を学ぶ意義などの実感は主体的に学ぶ態度の一環である。生活との関連とは活用の中に含まれる。
　以上，学力の3要素と学習指導の習得・活用・探究の区別を理科の指導の新たな方向に生かしていく必要がある。それは単なる一対一対応ではない組み合わせを考えることになることは今の整理で分かるであろう。

2　知識・技能を活用する教育のあり方について

　学習指導の基本として，習得・活用・探究の三つの学習指導のあり方を想定し，それらの間の相互往復的関係を作り出すことが要になる。

❶　基礎的・基本的な知識・技能とは何か
　習得において目指されているのは基礎的・基本的な知識・技能の中でも特に，その後の学習や生活において繰り返し使われるであろうものを指している。基礎的・基本的な知識・技能とは他の知識・技能の獲得を通してそこに統合されていくものである。だが，その中でも比較的に文脈によって，そのあり方が変更されないものがある。例えば，四則演算の手順は特に問題によって変える必要はない（いつでも同一である手順を学校では教えることになっている）。そういった非文脈的で普遍的に用いられるものを習得することを強調しているのである。それは繰り返しを通して確実に身に付けておくことで，様々な問題解決の基礎過程が誤りなく実施でき，思考する余地を残していける。そうでないと，いちいち計算手順を思い起こす努力が必要になり，肝心の問題の解決のための思考過程が進められなくなってしまう。

❷　習得と活用のサイクルを作る
　活用を通して新たな知識に気付く。それは次の段階では習得として確実に身に付けるよう復習することが求められる。
　例えば，平行四辺形の面積を計算するとする。まずその求め方が長方形とはどう異なり，どう共通するかを考えて，その証明を行うことだろう。縦の辺の長さと横の辺の長さを掛けるのではなく，底辺掛ける高さなのだけれど，それは実は長方形の場合と同じことになることを理解する。その上で，底辺掛ける高さの公式が成り立つことを確認する。すると，それ以降はいちいち公式の導入にまで戻ることなく，公式を思い起こせば，面積の計算は可能となる。そこでは公式を習得により忘れないようにすることに努める。
　活用で学んだことの内，文脈を特定して整理した上で，その文脈において基本的には変更されない知識は次の段階では習得として復習されるというサイクルが成り立つのである。

❸　知識の組織化として活用をとらえる
　活用は単に基礎的・基本的な知識を実際的問題に応用するということではない。それ自体，あらたな知識の獲得であり，それを通して複雑な問題に原理的に対応していくことである。それは教科教育でいえば，まさにその指導の主たるねらいに対応する。基礎的・基本的な知識・技能はその際の道具や基礎過程

として働くもののことである。習得で反復学習で暗記するのみならず，活用で理解したこともまた習得へのサイクルを通して再び新たな活用で生かされる。

　思考力を育てるということは教科教育においては，その教科の持つ体系的な知識の基本となる原理に即して物事をとらえられるようになることである。知識の獲得と思考とは切り離すことができない。だがその際に，知識は断片的なものではなく，組織化されたものだという点が肝心なところである。知識を知識と結びつけ，さらに知識が具体的な現実に適用された際の修正のあり方まで含めて，知識の組織に統合されることで，教科の知識は問題解決に使われるものとなる。

❹　活用での思考活動を確かなものとする

　教科の指導の中心をわざわざ活用と呼んでいるのは，知識の一方的解説では子どもはその知識を自分のものとして組織化できない一方で，子どもに問題を提示してただ「考えよ」と指示するだけでも思考活動は展開しないからである。そこで活用すべきものは基礎的・基本的な知識・技能としてそれまでの学習活動で理解した知識諸々と共に，教師や教科書による説明などである。そういった元々把握して身に付けていたものや新たに予習や説明で得たものを使って，今目の前にある問題に対して解決を試みる。また実験や観察を行うのである。

　そこから思考活動をどの子どもも確かに進められるようにするために，考えるべき教材についてどのような視点からどの方向に向けて考えを展開したらよいかの示唆が与えられねばならない。そういった方向性なしには多くの子どもの思考は空にさまよい，結局ぼんやりとしてしまい，誰か分かっている子ども の正答らしき発言を待つことになってしまう。

❺　活用での発展的な課題を用意する

　活用の場面で知識の組織の広がりを図るために発展的な課題を用意する。一通り理解したことをかなり見かけが違ったり，他の要素が入り込んだ素材について検討するのである。自分が理解したはずの原理・規則性が他のかなり一見すると異なるところにも当てはまるかどうかを考える。

　そういった発展課題により原理の把握が強固なものとなる。様々な知識との結びつきが多様に作られ，いろいろな場面で適用可能な強固な知識の組織となる。また既に学んだことを固定的に把握し適用するのではなく，複雑な場面のあり方に応じて柔軟に作り替えることが求められる。柔軟で弾力的な知識の組織のあり方が形成されるだろう。

　思考とはそういった課題に対してあれこれと既に自分が知っていることを元に吟味していくことである。様々な検討の試みを行いつつ，そこで課題について見えてくることを表現し，検討を繰り返すのである。

❻　探究へと広げていく

　習得・活用において獲得された教科の知識は探究の場面で一層広範囲な現実に適用され，またその現実で得られる諸々の知識と結びつけられる。そこでは教科の小学校ならそこで教えるという想定の範囲を超えて，現実の中でその教科の高度なレベルや様々な教科，また社会の中で活動する人たちの知見を得ていき，また子ども自らが体験することを通して得る気付きを組み込んでいこうとする。そういった総合的なあり方が探究のかなめである。

総合的な学習で典型的に探究の活動が進められる。各教科でも活用のさらなる発展のところで探究活動へと進めることがあるだろう。そこでは，子どもが実際の複雑な場面に出会い，そこで自らの子どもなりの問題意識を抱き，それについて追究を進める。すると，子どもなりの問題意識が他の人たちの知見や自らの体験による発見と結びつき，社会の中で共有される専門的なものへと発展するのである。

探究では活用と違って，子どもなりに調べたり考えたりしたいことを追究し，それがその過程で社会的なものへと展開する。それに対して，活用ではあくまで教師が想定する理解目標と，そこでの確実な理解とそれを支える知識の組織化を目指すのである。

❼ 言語により報告し論述する

習得・活用・探究のいずれであっても，確かに学ぶべきことを学んだかのチェックが必要である。それはテストという形によることもあり，あるいは授業での子どもの発言や書き物によって分かる。特に活用での理解や探究での気付きを文章によって表現することで子ども自らにとって明確なものとなり，何がよく分かっているか，何は曖昧な理解に止まっているかを把握できる。教師にとってもどこまで分かっているかを把握し，それに応じて修正を可能にする。

言語力の育成という課題は国語での特に論説文の指導が重要であるが，同時に各教科や総合的な学習において理解を筋の通った文章として書き表すことで伸びていく。そのための技能を教えることも大切となる。PISAの読解力の伸張へとつながるだろう。

なお，ここで言葉とは日本語という場合とともに，各教科の用語を用いた記述やあさらに記号表現（例えば化学式）を使った表現がある。パフォーマンス（身体遂行）が主な教科では，身体や道具を使った一定の表し方が言葉と見なされよう。

❸ 考える力は表現によって深まり，表現し合うことで思考が共有される

思考力・表現力を育成するポイントを考えるに当たり，まず，現行および次期の学習指導要領において思考力，判断力，表現力が強調されている意図を改めて確認しておくべきである。これらの力は，新しくつくられた概念ではない。従来から，基礎的・基本的な知識及び技能と合わせて指導すべき力と考えられていた。それが，思考力，判断力，表現力が一連の3つのプロセスであり，らせん的に高まる関係にあると捉えられたのである。

思考は，言葉をはじめとしたさまざまな表現手段を用いながら深めていくものである。考えるとは，ある意味では対話するなのである。対話の相手は他人だけでなく，自分の場合もある。誰かと対話するのなら適切に表現しなければ伝わらないし，1人で考える時は考えを言葉にするなど整理することが思考を深める助けとなる。また，表現が重視される別の理由として，表現したことは目に見えるため，具体的な指導や評価を加えることによって思考を深めやすいことが挙げられる。

このように考えると，思考力，判断力，表現力を切り分けても，あまり意味がない。これらは，一連のプロセスとしてセットで高めるべき力なのである。

PISAなどの調査で読解力の重要性が指摘されていることから，新課程では言語力の育成も強調されている。言語力と，思考力，判断力，表現力は，密接にかかわっている。

言語力は，3段階に分けると考えやすくなる。① 自然言語，日常言語，② 教科固有の言語，そして，③ 記号表現，パフォーマンスである。これらは幅があるが，全て言語である。小学校1年生の算数を例に挙げて具体的に説明する。

算数であれば，①は「ハトが3羽いたところに2羽が飛んできたら，何羽になった？」といった表現である。これは日常的に用いられる言葉と同じだ。②は「3羽いたところに2羽が飛んできた。それらを『足す』と『合計』で何羽？」と，算数的な言語を用いる。そして③は「3＋2＝5」というように数式や記号などで表わす。

豊かな表現とは，①～③の表現を相互に翻訳して使いこなせることを言う。音楽を聴いて，「なんだかいいな」という表現しか出来なければ，①しか使えないことになる。「このリズムが，メロディがいい」といった音楽的な言葉を用いたり，もっと専門的に楽譜で表せたりする方が，より具体的に伝わる表現と言える。考えや思いを込めて，特定のパートを演奏できれば，それは思考し表現する営み自体となる。

❶ 思いを表す言葉を適切なタイミングで与える

表現することはそもそも面倒なことでもある。本を読んでも，普通は「面白かった」といった感想で終わらせてしまう。何が面白かったのかを分析的に表現させるためには，指導の工夫が必要となる。従来の授業では，友だちの前で発表するような表現活動はあったが，個々の思いや考えをきめ細かく表す学習はあまり取り入れられていなかったように思われる。

一方で，教育現場には，表現させたいと考えるあまり，「ただ話せればよい」という誤解があるように思える。こうした誤解は，表現を目的化してしまう危険性がある。

例えば，音楽や体育の授業でも言葉で伝え合う場面が多く見られるようになった。確かに大切な学習活動だと思われるが，音楽や体育の教科の目的は，演奏や運動の質を高めることにある。そのためには，思い付いたことを話すだけの活動ではなく，教師が子どもの表現を分析して，「悲しい感じがしたんだね。それなら悲しさを出すように歌ってごらん」などと具体的な言葉を与える必要がある。これは国語や算数・理科などの教科でも同じことなのである。

授業では，「表現したい」という思いを育てることも心掛けるとよい。そのような思いを生み出すのは，主に体験活動である。例えば，物語を読んで思いを馳せたり，音楽を聴いて感じたり，理科の観察や実験で気付いたりすることで，子どもの感覚や感性は磨かれていく。それは，すぐに言葉で表す必要は必ずしもない。例えば，音楽を鑑賞した後，多弁に感想を話すことだけが表現ではない。しみじみと感動に浸ったり，思わず拍手をしたりすることも表現の一部である。理科の観察や実験で「ほら，あれが」とただ指示の言葉を使っただけでも，それは型通りの表現をさせるより，口ごもっても「どう表現すれば伝わるか」と考えさせることにつなげていけば，思考・表現の出発点なのである。

そうした思いが見られたら，それを見直して再吟味するように促すようにする。体験を作文に書くのであれば，「楽しかった」という表現から進み，誰に何を伝えるのかといったねらいや目的に照らして推敲させる。プレゼンテーションであれば，聞く人が分かりやすい内容や伝え方であるかをよく考えさせ

る。実験であれば，そこでの趣旨は何かを再考し，それとのつながりの中でデータを整理する。ここでは急かさないことが大切ですが，言葉に出来ずに終わるのも発展につながらない。思いや考えを表す言葉を適切なタイミングで与えるバランスが大切になる。

❷ 体験と言葉の距離を意識し発達段階に応じた指導を

系統的に表現力を高めるために，指導では低・中・高学年の段階を意識するとより効果的になる。低学年は体験などから思いを育て表現につなぐことを大切にする。体験を言葉や文章にする指導などが中心である。中学年は単に語るだけではなく，語り方や絵，記号など表現の語いを増やす。そして，高学年は表現を見直して再吟味させる時期と言える。明確な根拠を示すことや，内容が伝わりやすい表現を工夫する。

低学年の指導では，幼児期の育ちも意識するとよい。幼児期は体験を通した気付きをその場で表現することを大切にする。体験と言葉が近い状態である。低学年の生活科は，幼児期の体験活動に近いと言えるが，異なるのは，体験による気付きを持ち帰り，整理して発表することである。体験と言葉の距離が少しずつ離れていく。高学年になると，体験がなくても共感する力や想像力で補って表現できるようになる。また，表現ジャンルによる特性を踏まえ，実験レポートや理論の提示などの表現を考えられるようにしていく。

一人ひとりの表現力を高める指導は，一斉指導の中でも工夫して取り入れることが出来る。ある子どもが理科の実験課題の説明の発表をしたら，他の子どもに異なる説明をさせるとよい。モデルとなる子どもたちが多様な説明の仕方を語ることによって，「そういう考え方があるのか」と，教室の中に思考や表現が広がっていく。

学び合いも有効な表現活動となる。ペアやグループで，「自分はこういう理由でこう考えた」「なるほど。私は……」といった関係をつくっていく。学び合いをより深めるためには，補助として子どもが共有する道具を与えることが大切になる。代表的なのは板書である。子どもの発言を単に写すのではなく，整理してまとめていくことを子ども自らあるいは教師が行う。そのような表現が媒介となり，子どもの考えをつなぐ。

また，同時に，評価の仕方を見直す必要もある。その実践が広まりつつあるが，思考や表現を評価するには，獲得した知識を使いこなせているかを見るパフォーマンス評価が適している。子どものレポート・作品を並べ，「○年生はこれくらいまで出来るといい」といった具体的な評価規準を示せば，教師の目線も合うようになる。

［無藤　隆］

2 学習指導要領の改訂への動向を受けて理科教育はどう変わるか

平成27年8月に中央教育審議会教育課程企画特別部会において学習指導要領の改訂の枠組みの整理を行い、「論点整理」として報告をし、その後、中央教育審議会教育課程部会の下の各種のワーキング・グループで議論を進めている。そこから次回の学習指導要領の考え方の中核を整理する。

❶ 資質・能力に注目する

学校を卒業しても学び続けるとはいかにして可能か。それは当人が学びたいと思い、どうやって学べばよいか分かり、さらにその後の学びの基礎が出来ていて、無理なく学び続けられることである。その継続できる基礎となるところを「資質・能力」と呼ぶ。

それを3つに分けている。第一は個別の知識・技能に関わるものである。「何を知っているか、何ができるか」である。それは単なる知識・技能ではなく、実際の場面で使えるものであり、できること・やろうとすることを指している。これは他の知識・技能と結びついて、忘れにくいものとなり、また活用可能なものとなる。

第二は、思考力・判断力・表現力等であり、「知っていること・できることをどう使うか」である。問題解決の過程において、問題を解こうと工夫する中で考える営みが発揮され、思考力が伸びていく。また人と協力して問題解決をともにすることから考えが広がっていく。問題を解くための知識・技能や自分の考えを表現する活動を含める。

第三は学びに向かう力や人間性等であり、「どのように社会・世界と関わり、よりよい人生を送るか」である。主体的に学習する態度であり、狭く言えば意欲や意志を指している。思いやりや人と協働すること、自分の考えのプロセスを自覚することなどもここに含まれる。自己形成に至ることへと発展していく。

❷ 相互連動する指導のあり方へ

次期学習指導要領の基本的視点は、子どもたちが「何を知っているか」だけではなく、「知っていることを使ってどのように社会・世界と関わり、よりよい人生を送るか」ということである。知識・技能、思考力・判断力・表現力等、学びに向かう力や人間性など情意・態度等に関わるものすべてを総合的に学校を通して育んでいこうとする。

そうすると、上記に挙げた3つの柱は育成すべきこととして見ると互いに別なことではない。密接に相互につながりながら、授業における指導として具体化させる。知識・技能は問題解決の中で思考する過程で意味をなし、互いにつながり合い、体系化されて身につき、その後、活用されることにもなる。課題への興味があって、意欲が湧き、学び続ける意志が働き、学びのエンジンとして、子どもを学びに向かわせ、問題解決を可能にする。このように、資質・能力を育むには、学びの量とともに、質や深まりが重要である。そのためには、子どもが何を学ぶかとともに、どのように学ぶかについても光を当て、「課題の発見・解決に向けた主体的・協働的な学び（アクティブ・ラーニング）」を可能にしていく必要がある。

その指導のあり方を3つの学びとして整理した。第一は「深い学び」である。習得・

活用・探究という学習プロセスの中で問題発見・解決を念頭に置いた深い学びの過程を実現していく。先ほどの3つの柱を相互につなぎ，総合的な指導をする中で，知識・技能を問題解決に活用し，体系づけるように導く。このように，知識・技能を教えることを含めつつ，それらの間のつながりを問題解決での思考や探求過程の中で可能にしていく。特に，中核となる概念を核として知識・技能を関連づけることで，問題解決に活かせるものとなっていく。

　第二は対話的な学びである。他者との協働や外界との相互作用を通じて自らの考えを広げ深める対話的な学びの過程を実現していく。物事の多面的で深い理解に至るために，多くの異なった見方を合わせつつ対話を進める必要がある。そのためには，それぞれの考えを言語その他の表現として表し，当人の考えについての自覚を促すとともに，自分の考えを見直し発展することを可能にしつつ，教師と子ども，子ども同士がやりとりを進めるようにしていく。

　第三は主体的な学びである。子どもたちが見通しを持って粘り強く取り組み，自らの学習活動を振り返って次につなげる主体的な学びの過程を実現する。何より興味は学習の動機づけの根底にあるべきものであるが，さらに，子どもが自らの学習活動を振り返りまた先の見通しをつけることにより，その学びの意味が鮮明となり，学ぶプロセスを自らが自覚することができるようになる。

　このように学びのあり方として，それは同時に学習指導のやり方として，3つの面から提案されている。それらは相互に密接に関連し，3つの視点で子どもの学びを深め高めていくのである。個別の知識・技能を子ども自身が体系化することにより教科の学びを充実

させ，また対話や振り返り・見通しにより，学びの意味を感じ取り，事柄の多面的な理解を進めるようにする。その指導の方向とともに，授業における指導のポイントを明確にしたのである。

❸ 各教科等の本質に根ざした「見方や考え方」について

　こうした資質・能力の育成にあたり重要となるのが，各教科等の本質に根ざした見方や考え方が重要であると考えられる。現行学習指導要領においても，各教科の目標の中で，例えば，理科においては「科学的な見方や考え方」，を培うこととしている。「見方や考え方」とは，様々な事象を捉える教科等ならではの視点や，教科等ならではの思考の枠組みである。こうした「見方や考え方」と育成すべき資質・能力の関係について，以下のような整理ができる。「見方や考え方」は，知識・技能を構造化して身に付けていくために不可欠である。「見方や考え方」を働かせながら，知識や技能を習得したり，知識・技能を活用して探究したりすることにより，知識を他と関連づけて定着させたり，構造化された新たな概念的な知識として獲得したり，技能を熟達させたりすることができる。「見方や考え方」が成長することにより，思考力・判断力・表現力が育成されていく。社会や世界にどのように関わるかという点には，「見方や考え方」が大きく作用している。

　「アクティブ・ラーニング」の視点との関係については，例えば，「深い学び」は，子供たちが「見方や考え方」を働かせ，それを成長させていけるような学びであると言える。習得・活用・探究の学習プロセスの中で，各教科等ならではの視点で事象を捉え，各教

科等ならではの思考の枠組みを用いて思考・判断・表現することなどを通じて、子供たちの「見方や考え方」が成長していくように、学習をデザインすることが欠かせない。その際、教科等の学習をデザインする視点の一つとして、子供たち一人一人の「見方や考え方」を培う上での困難さを捉え、必要な支援等を工夫し、その成長を支えていくことも重要である。

各教科等の多様な「見方や考え方」が総合的に育成されることによって、社会や世界の様々な事象を捉えたり関わったりすることが可能になり、また、多様な「見方や考え方」を統合的に働かせるようにすることによって、一つの事象を多様な角度から捉えたり考えたりすることができるようになる。

❹ 小学校理科における資質・能力の例と特徴的な見方・考え方とは

中央教育審議会教育課程部会理科ワーキンググループ（2016年2月）報告による。

❶ 個別の知識や技能
- 自然事象に関する性質や基本的な概念、規則性などの体系的理解。
- 理科を学ぶ意義の理解。
- 科学的に問題解決を行うために必要な観察・実験等の基礎的な技能（安全への配慮、器具などの操作、測定の方法、データの記録等）。

❷ 思考力・判断力・表現力等
（各学年で主に育てたい力）

6年：自然の事物・現象の変化や働きについて、その要因や規則性、関係を多面的に分析し考察して、より妥当な考えをつくりだす力。

5年：予想や仮説などをもとに質的変化や量的変化、時間的変化に着目して解決の方法を発想する力。

4年：見いだした問題について既習事項や生活経験をもとに根拠のある予想や仮説を発想する力。

3年：比較を通して自然の事物・現象の差異点や共通点に気付き問題を見いだす力。

❸ 主体的に学習する態度
- 自然に親しむ態度。
- 失敗してもくじけずに挑戦する態度。
- 科学することの面白さ。
- 科学的な根拠に基づき判断する態度。
- 問題解決の過程に関してその妥当性を検討する態度。
- 知識・技能を実際の自然事象や日常生活などに適用する態度。
- 多面的、総合的な視点から自分の考えを改善する力。

❹ 理科の各領域における特徴的な見方

●エネルギー領域

自然の事物・現象を主として量的・関係的に捉える。

高等学校では、事象をより包括的・高次的に捉える

小学校では「見える（可視）レベル」、中学校では「見える（可視）⇨見えない（不可視）レベル」、高等学校では「見える（可視）⇨見えない（不可視）レベル」となる。

●粒子領域

自然の事物・現象を主として質的・実体的に捉える。

中学校から実体はあるが見えない（不可視）レベルの原子、分子レベルで事象を捉える

高等学校では，事象をより包括的・高次的に捉える。

小学校では「〈物〉レベル」，中学校では「〈物質〉レベル」，高等学校では「〈物質〉レベル」となる。

●生命領域

生命に関する自然の事物・現象を主として多様性と共通性の視点で捉える。

「分子⇨細胞⇨個体⇨集団レベル」の階層性があり，小・中・高と上がるつれて階層が広がる。

小学校では「個体⇨集団レベル」，中学校では「細胞⇨個体⇨集団レベル」，高等学校では「分子⇨細胞⇨固体⇨集団レベル」となる。

●地球領域

地球や宇宙に関する自然の事物・現象を主として時間的・空間的な視点で捉える。

「身のまわり⇨地球⇨宇宙レベル」の階層性があり，小・中・高と上がるにつれて扱う階層が広がる。

小学校では「身のまわり（見える）レベル」，中学校では「身のまわり（見える）レベル→地球（地球周辺）レベル」，高等学校では「身のまわり（見える）レベル→地球→宇宙レベル」となる。

❺ 理科の各領域における特徴的な見方の整理例（小学校の場合）

●エネルギー領域

自然の事物・現象を「見える（可視）レベル」において，主として量的・関係的に捉える。例：豆電球の明るさについて，電池の数（量）や直列・並列つなぎの関係で捉える。

●粒子領域

自然の事物・現象を「物レベル」において，主として質的・実体的に捉える。例：形が変わっても重さは変わらないことから実体として存在することを捉える。

●生命領域

生命に関する自然の事物・現象を「個体⇨集団レベル」において，主として多様性と共通性の視点で捉える。例：昆虫や植物の成長や体のつくりについて，多様性と共通性の視点で捉える。

●地球領域

球や宇宙に関する自然の事物・現象を「身のまわり（見える）レベル」において，主として時間的・空間的な視点で捉える。例：土地のつくりや変化について，侵食・運搬・堆積の関係を時間的・空間的な視点で捉える。

［無藤　隆］

3 思考力・表現力の育成と言語活動の充実

1 「思考力・表現力」の育成

❶ 現状と課題

OECD（経済協力開発機構）による PISA 調査（国際学習到達度調査）の結果から，日本の子どもたちは，思考力・判断力・表現力等を問う読解力や記述式の問題，知識・技能を活用する問題に課題があると指摘されている。

表1は，平成24年度に実施された全国学力・学習状況調査（小学校理科）の正答率の低い設問とその正答率である[1]。

この調査における設問1(3)や設問2(5)の結果から，実験結果を基に自分の考えや実験方法を改善して，その理由を記述できることに課題があるとされた。また，設問3(4)の結果から，電磁石の強さを変える要因について確かめる実験を，条件を制御しながら構想することに課題があるとされた。さらには，設問4(5)の結果から，天気の様子と気温の変化の関係についてデータを基に分析して，その理由を記述することに課題があるとされた。この他，全体的な状況から，平成24年度に実施された全国学力・学習状況調査（小学校理科）においては，観察・実験の結果を整理し考察すること，科学的な言葉や概念を使用して考えたり説明したりすることに関する問題の正答率が低く，観察・実験の結果などを整理・分析した上で，解釈・考察し，説明することなどに課題が見られる，と指摘された。理科授業において，考え（思考し）説明（表現）できる力といった，「思考力・表現力」の育成は，今後も大きな課題であると言える。

❷ 「思考力・表現力」を育成するための「言語活動の充実」

中央教育審議会の「幼稚園，小学校，中学校，高等学校及び特別支援学校の学習指導要領の改善について」（答申）では，学習指導

表1　正答率の低い設問と正答率（2012，国立教育政策研究所）

設問番号	設問の概要	正答率（％）
1(3)	砂糖水に溶けている氷砂糖の様子について，実験結果から適切な図を選び，選んだわけを書く	54.7
2(5)	スイカの受粉と結実の関係を調べる実験について，適切な実験方法を選び，選んだわけを書く	32.3
3(3)	車の進行方向と電流の向きとを関係付けて考え，並列つなぎの適切なつなぎ方を選ぶ	52.9
3(4)	電磁石の強さを変えるための実験条件を書く	50.8
3(5) カ	水の状態変化の説明として，当てはまる言葉を選ぶ	42.7
3(5) キ		43.9
4(1)	方位磁針の適切な操作方法を選び，その時の太陽の方位を書く	27.6
4(3)	「かげの観察記録」を基に，木の影の長さの変化を表したグラフを選ぶ	54.7
4(5)	天気の様子と気温の変化とを関係付けて，気温の変化を表したグラフを選び，選んだわけを書く	17.1

要領改善の柱を挙げている。その第1の柱が「言語活動の充実」である。

言語活動の充実の目的は，言語を通した学習活動により，言語に関する能力を高め，思考力・判断力・表現力等の育成を効果的に図ることである。そのために，答申では次の①〜⑥の学習活動が必要不可欠であるとしている[2]。

①体験から感じ取ったことを表現する
②事実を正確に理解し伝達する
③概念・法則・意図などを解釈し，説明したり活用したりする
④情報を分析・評価し，論述する
⑤課題について，構想を立て実践し，評価・改善する
⑥互いの考えを伝え合い，自らの考えや集団の考えを発展させる

思考力や表現力は「能力」である。「能力」を育成することは，知識を高めていくことより容易ではない。知識は教えることで高めることはできるが，「能力」は教えることで高められるとは限らないからである。そこで教師は，思考力・表現力を育成するために①〜⑥の活動を授業に意図的に埋め込み，子どもたちの生活経験や既有の知識・技能を引き出し表現させ，それらの関連付けを促し，問題を解決する学習をつくる。このような問題解決による学習の繰り返しによって，思考力・表現力という「能力」は育成できるのである。

❷ 充実した言語活動を生み出し学びをつくる教師の指導力

言語活動を充実させることによって，思考力・表現力の育成を図る。教師として押さえておくべきことは，単に言語活動を取り入れるだけでは充実しないということである。言語活動を充実させるためには，教師が授業でどのように働きかけていかなくてはならないか，どのような指導力が必要なのか，それを意識することが重要である。

例えば，答申で示された①の「体験を感じ取ったことを表現する」活動をさせる場合の教師の指導を考えることとする。単純に考えれば，教師が子どもに「感じたことを発表させる」という指導が思いつく。数名の子どもが元気よく挙手をし，教師は指名してＡさんに発表させるであろう。このとき，教師が「なるほど・・・，Ａさんと同じような人？」と挙手をさせ，代表的な感じ方を引き出してまとめ，次に「違う人？」あるいは「他にありますか？」と別の発言を促し，別の感じ方を引き出したとしよう。子どもの感じ方を表現させているが，これでは当然のことながら，授業の盛り上がりに欠けることになろう。なぜなら，個人が発表しているだけで，言語活動は充実しておらず，教室全体が学びの共同体になっていないからである。教室全体の学びをつくるには，子ども同士の相互作用を生み出す指導力が求められる。その指導力によって教室の学びは大きく変わるのである。

教室に相互作用のある対話を引き出すには，教師の「言い換え」が有効であることが明らかとなっている[3]。この研究成果は，子どもの発言を戦略的に言い換えることが，言語活動を充実させ教室の学びをつくる上でとても重要な指導力であることを示唆している。また，理科の授業において，実験装置を個々に用意してグループで相談させながら問題解決をさせると，グループ内で相互作用のある対話が生成され，それが子どもの概念形成を促すということが明らかとなっている[4]。個別実験を取り入れれば良いと言うこと

ではない。体験を共有させて協同的に学び合わせる指導が，充実した言語活動を生み出し学びをつくることを示唆している。

他者と協同で問題解決に取り組ませ，その中で思考・表現させながら，個やグループ，クラス全体を相互作用的に適切に関連付ける教師の指導力がとても重要になるのである。

資料① 相互作用のある対話

バーコビッツとギブス（1983）は，相互作用のある対話は，「より自分の考えを明確にしたり，他者の考えや推論に働きかけて他者の思考を深めたりする」ものであるとしている。
また，「相互作用の変化を引き起こす重要な要因は『表象的トランザクション』ではなく，互いの考えを変形させたり認知的に操作したりする『操作的トランザクション』である」としている[5]。

表2は，バーコビッツとギブス（1983）をもとに高垣・中島（2004）が設定した相互作用のある対話の類型を示す[6]。操作的トランザクションに分類される発話が，相互作用的な発話とされる。

表2 相互作用のある対話の類型

カテゴリ項目		分類基準
表象的トランザクション	課題の提示	話し合いのテーマや論点を提示する
	フィードバックの要請	提示された課題や発話内容に対して，コメントを求める
	正当化の要請	主張内容に対して，正当化する理由を求める
	主張	自分の意見や解釈を提示する
	言い換え	自己の主張や他者の主張と，同じ内容を繰り返して述べる
	併置	他者の主張と自己の主張を並列的に述べる
操作的トランザクション	拡張	自己の主張や他者の主張に，別の内容を付け加えて述べる
	矛盾	他者の主張の矛盾点を，根拠を明らかにしながら指摘する
	比較的批判	自己の主張が他者の示した主張と相容れない理由を述べながら，反論する
	精緻化	自己の主張や他者の主張に，新たな根拠を付け加えて説明し直す
	統合	自己の主張や他者の主張を理解し，共通基盤の観点から説明し直す

操作的トランザクションとなる発話をいかに引き出すかが重要ですね。

❸ 理科における問題解決の過程と言語活動

小学校理科の教科の目標は，以下の通りである。

◆自然に親しみ，見通しをもって観察，実験などを行い，問題解決の能力と自然を愛する心情を育てるとともに，自然の事物・現象についての実感を伴った理解を図り，科学的な見方や考え方を養う。

理科という教科は，子どもが自然に親しみながら自分の問題を見出し，設定し，観察や実験により追究・解決していく中で，それを科学的に考えて結論を導いていく教科である。そこで重視されるのが，問題解決の過程である。理科における問題解決の過程は，図1のように具体的に記されている[7]。

自然事象への働きかけ	関心や意欲をもって対象とかかわることによる問題発見とそれ以降の学習活動の基盤を構築する。
問題の把握	対象となる自然の事物・現象から問題意識を醸成するように，意図的な活動を工夫する。
予想・仮説の設定	問題に対する児童の考えを顕在化する。
検証計画の立案	予想や仮説を自然の事物・現象で検証するための手続き・手段となる。
観察・実験	問題解決の中核である。児童による意図的・目的的な活動である。
結果の整理	実験の装置や状況に依存しない妥当な実験結果を出す。
考察	観察・実験の結果を吟味する。予想や仮説の妥当性を検討する。
結論の導出	児童による問題解決を通した科学的な見方や考え方を養う。

図1　問題解決の過程

理科の目標や問題解決の過程からも分かるように，理科という教科は，自然の事物・現象に親しみ，働きかける体験から学習が始まる。そして，科学的な探究の過程を通して，最終的に科学的な見方や考え方を養う。つまり，理科は，目の当たりにする自然の事物・現象を，探究活動によって科学的な概念で説明（言語化）できるようにする教科である。体験から言語化という流れがそこにある。問題解決の過程をさらに細かく見ると，「自然事象への働きかけ」は「体験」の過程，「問題の把握・設定」から「検証計画の立案」までは「言語化」の過程，「観察・実験」は「体験」の過程，「結果の整理」から「結論の導出」までは「言語化」の過程ととらえることができる。この問題解決の過程にある「体験」から「言語化」を意識して授業を行うことが重要である。そして，言語活動はこの「言語化」の過程において充実させるのである。

　一方，理科の問題解決のモデルを科学的探究のプロセスを基に詳細に検討したものに，五島・小林（2009）の理科教育用のＷ型問題解決モデルがある。特に，科学的リテラシーの中心をなす問題解決能力を育成するためには，Ｗ型問題解決モデルに基づいて指導していくことが必要であるとしている[8]。このモデルの科学的探究のプロセスからも，「体験」と「言語化」の往還の重要性がわかるであろう。

[栗原淳一]

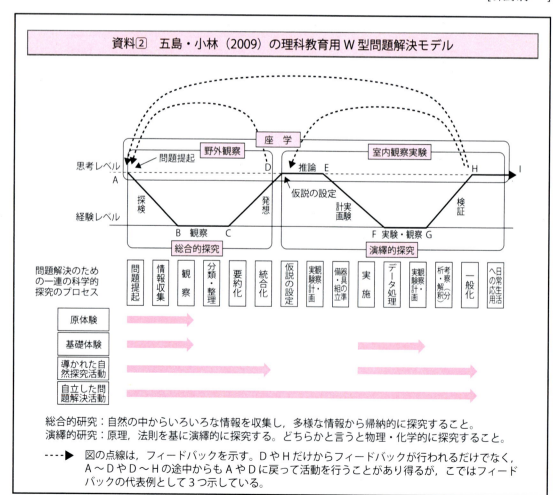

資料② 五島・小林（2009）の理科教育用Ｗ型問題解決モデル

総合的研究：自然の中からいろいろな情報を収集し，多様な情報から帰納的に探究すること。
演繹的研究：原理，法則を基に演繹的に探究する。どちらかと言うと物理・化学的に探究すること。

----▶ 図の点線は，フィードバックを示す。ＤやＨだけからフィードバックが行われるだけでなく，Ａ〜ＤやＤ〜Ｈの途中からもＡやＤに戻って活動を行うことがあり得るが，こではフィードバックの代表例として３つ示している。

【参考・引用文献】
①国立教育政策研究所（2012）『平成24年度　全国学力・学習状況調査【小学校】報告書』，pp.18-22.
http://www.neir.go.jp/12chousakekkahoukoku/03shou-gaiyou/24_syou_houkokusyo-2_kyoukanikansuru.pdf
②中央教育審議会（2008）「幼稚園，小学校，中学校，高等学校及び特別支援学校の学習指導要領の改善について」（答申），pp.24-26.
③益田裕充，倉澤友梨，清水秀夫（2011）「教師による「言い換え」が授業の知識協同構成に与える影響：Transacitive Discussionの質的分析カテゴリーを用いた理科授業分析に基づいて」，臨床教科教育学会誌，11(2),pp.65-72.
④栗原淳一（2012）「個別実験を導入した協同的な学びが科学概念形成に与える影響－小学校「水溶液の性質」を事例として－」，理科教育学研究，53(1)，pp.39-48.
⑤ Berkowitz,M.W.,Gibbs,J.C.(1983)"Measuring the developmental features of moral discussion." Merrill-Palmer Quarterly, 29(4), pp.399-410.
⑥高垣マユミ・中島朋紀（2004）「理科授業の共同学習における発話事例の解釈的分析」，教育心理学研究，52(4)，pp.472-484.
⑦文部科学省（2011）『小学校理科の観察，実験の手引き』，p.15.
⑧五島政一・小林辰至（2009）「W型問題解決モデルに基づいた科学的リテラシー育成のための理科教育に関する一考察－問題の把握から考察・活用までの過程に着目して－」，理科教育学研究，50(2)，pp.39-50.

2 子どもが思考し表現する授業をどうつくるか

1 思考し表現する授業づくり

❶ 問題を把握させるポイント

よく現場の教師から、次のような言葉を聞くことがある。

> 今日やること（問題）をしっかり伝えて確認しているのですけど、実験が難しいのか、考え方が難しいのか、子どもたちは何をやっているかよく理解できていない気がするのです（小学校担任教諭）。

ここで、「問題」とはどういうものか、再度考えておく必要がある。

教師が問題を子どもに与えてしまうケースがないだろうか。例えば、教師が授業の始まりとともに、「今日の課題（問題）はこれです」「今日はこの観察をします」と課題を与えるケースである。先の教師の言葉は、恐らくこのような授業スタイルであったことを推測させる。こうした場合、教師の指示通りに子どもが観察・実験を行い、理解力や発言力の高い子どもが中心となって授業が進み、そうした子どもたちの発言を受けて教師が学習のまとめを行う授業となりがちである。

そうなる理由は、子ども自らが「なぜそうなるのか」と問題意識をもって追究意欲と追究の必要感に駆られ「どうしたら解決できるのだろうか」と主体的に解決方法を考えるプロセスがないからである。このような授業では、子ども主体の問題解決にはならず、当然、子ども一人一人の考える力や問題解決の力はつかない。「問題」は教師が与えるものではないのである。「問題」とは、子ども自身の問題意識に支えられた、子どもが追究の必要感を感じるものである。

理科の授業において教師は、「ここはどうなっているのだろう」、「なぜそうなるのか」、「どんな関係があるのか」といった子どもの問題意識を引き出し、自分の問題として把握できるように意図的に働きかけることが重要である。問題が「子どもの問題になっていること」、これこそが授業成功の重要なカギとなる。子どもが「問題」を把握したとき、一人一人が主体的に問題を解決していくのである。

では、問題を把握させるために教師はどのように子どもに働きかけるのか。そのポイントの一つは、事象提示の工夫である。そして二つ目は、事象に触れた子どもたちの問題意識をとらえ問題を明確化する指導である。

❶ 認知的葛藤を促す事象提示

一般的に事象を提示する場合、事象として、子どもが「面白そう」と思うもの、「やってみたい」と思うものを挙げるが、それだけでは不十分である。提示する事象が、子どもの知的好奇心（認識的な興味や関心）をくすぐるものである必要がある。バーリン（1965）は、子どもの知的好奇心を生み出す主な要因として認知的葛藤を仮定し、次のように述べている[1]。

> 「人がもっている既有知識と新しく得られた情報との間にズレが生じたとき、認知的な不一致や不調和が生じ、この不安定な状態をより安定したものにしようとして、知的好奇心が引き起こされ、これが知識の獲得につながる認識行動を動機付ける」

つまり,「問題」を把握させるためには,その学習に関して子どもがもっている既有の考え（概念）と意図的に与える情報の間に「ズレ」が生じる事象を提示し,認知的葛藤を促すことが重要である。「あれ,今まで考えていたことと違うぞ」,「意外なことが起きた」と感じる驚くべき事象に触れさせることで,子どもに「なぜ,そうなるのか」という「問題」を抱かせるのである。当然その際に,教師は子どもがどんな考え（概念）をもっているかを把握していなければ,認知的葛藤を促す事象提示はできない。

さて,認知的葛藤を引き起こさせる驚くべき事象の提示とは,具体的にどのように行ったら良いのだろうか。驚くべき事象ということで,大掛かりな仕掛けを用意しなくてはいけないと考えると事は難しくなってしまう。そこで,子どもが今までの生活経験や学習経験の中で「あまり意識していなかった現象」について意図的に体験させたり観察させたりすることで,事象に出会わせることが大切となる。

例として,第6学年の「月の満ち欠け」の学習において問題を把握させる事象提示について説明する（図2参照）。第4学年「B（4）月と星」では,「月は日によって形が変わって見え,1日のうちでも時刻によって位置が変わること」を学習している。またこの4年での学習や日々の生活においても,意識的に月を同時刻に観察した経験のある子どもはほとんどいない。こうしたことから,「月の満ち欠け」を学習する段階においては,子どもは,同じ時刻なら同じ場所に月が見えると説明しがちである。そこで意図的に,数日間,同時刻に月の位置と形を観察させ,その結果（事象）に出会わせる。すると,「同じ時刻で観察したのに月の位置が変わっている」ことに認知的な不一致や不調和が生じ,「なぜそうなるのか」という問題を抱かせることができる。また,「位置も形も変わっている」ことから,「位置と形の変化」を関係付けた問題を抱かせることができる。このように,子どもの既有の考え（概念）を踏まえ,認知的葛藤を促す意図的な事象提示が,問題を把握させる上で重要になってくるのである。

また,例示した図2からも分かるように,認知的葛藤を促す事象提示は,子どもの生活体験・学習体験に支えられている。子どもが問題を認識するには,その基盤となる体験が重要である。

```
┌─────────────────────────────────────────────────────┐
│  子どもの生活体験・学習体験                          │
│                                                      │
│  ◆月は日によって形が違うこと，月の一日の動き方について知っている。│
│    ・月は東の方から昇り，南の空を通って西に沈むように見えるよ。│
│    ・月は日によって形が違って見えるよ。              │
│  ◆数日間，月を同時刻に観察した経験はほとんどない。  │
│    ＜同じ時刻なら同じ場所に月が見えると説明しがちである＞│
│                                                      │
│  事象提示：意図的な体験・観察                        │
│                                                      │
│  ◆数日間，同時刻に，月の位置と形を観察する。        │
│    ・観察する時刻を決めて，月の位置と形を記録する（A）。│
│    ・数日後，同じ時刻に月を観察し，位置と形を記録する（B）。認知的不一致│
│  ◇あるいは，（A）と（B）の画像を提示する。          │
│                                                      │
│  子どもの驚き ⇨ 認知的葛藤 ⇨ 子どもの問題           │
│                                                      │
│    ・あれ，同じ時刻で観察したのに，月の位置が変わっているぞ！│
│      同じ時刻なら同じ位置に見えるのかと思ってた。あれ？………認知的葛藤│
│    ・位置も変わっているし，形も変わっているぞ！　なぜ？│
│    ・形が変わるのは，月の位置に関係するのかなぁ。    │
│                                                      │
│  問題例                                              │
│  「月の満ち欠けは何に関係するのだろうか」            │
│  「月はどんな時にどんな形に見えるのだろうか」        │
└─────────────────────────────────────────────────────┘
```

図2　事象提示と問題把握までの過程の例

資料③　子どもが問題を意識化するまで

　小林（2012）は著書『問題解決能力を育てる理科教育－原体験から仮説設定まで－』の中で，子どもが問題を意識化するまでの過程を以下のように説明している[②]。

> 問題を意識化するまでには，自分の体験を基盤に事物・現象を科学的知識・概念と関連付けたり比較したりする思考の中で矛盾や問題点に気付くものと考えられる。この過程は決して直線的に進むものではなく，試行錯誤を繰り返し，行きつ戻りつを繰り返して次第に明確になる。

❷ 問題意識をとらえ問題を明確化する指導

問題を把握させるためには，教師はまず，子どもの気付きや疑問，考え（概念）を顕在化させる。次に，それらをグループや学級で吟味させたり子どもの考えを整理・集約したりして，子どもの問題意識を子どもの「問題」として一緒につくっていく。ここでは，教師はどんな視点をもって子どもに働きかけたらよいのか，そのポイントを示す。

① 子どもがもっているイメージや既有の考えを引き出す

普段の生活経験・学習経験を通して，子どもは一人一人，自然事象についてのイメージや考えをもっている。子どもの生活経験はそれぞれ違うものであるから，ある自然事象に対する考えも一人一人違っていて当然である。この一人一人のイメージや既有の考えを引き出すことで，子どもの問題がどこにあるのかを教師が把握するとともに，子どもの問題を焦点化することができる。

例えば，水が沸騰する様子をじっくり観察させると，子どもはボコボコと音を立てて発生する「泡」に着目し，「だんだん激しくなってきた」とか「すごい泡」とその現象を見た時の感動を言葉に表す。湧き出してくるように発生してくる「泡」は，子どもにとって驚くべき事象である。子どもが「先生，これ空気の泡？」と呟くことがある。この点に着目した子どもは，自分の中に芽生えた新たな問題を認識している。教師はその発言を拾い，その子どもが「泡」をどのように捉えているかを引き出すと良い。子どもは，「お風呂のお湯の中で閉じ込めた空気を離したのと似ている」，「透明だし空気みたい」などと，イメージや考えを表現する。そして，「水の中から空気が出るのか？」という葛藤を抱き，「泡の正体は何か」という問題を捉える。既有の考えと関連付けたり比較したりする思考の中で矛盾や問題点に気付いていくのである。

場合によっては，「泡」の発生に感動して発した子どもの言葉を受けて，敢えて教師は「この泡って何？」と尋ねても良い。これは，子どもに問題を与えたというより，子どもの泡のイメージや考えと水の中から泡がわき出すという現象とを比較させ，泡の正体に目を向けさせるための働きかけである。

子どものイメージや考えは，言葉であれば比喩的に表現されることが多い。言葉で表現しにくいものは，描画させることで子どもはそのイメージや考えを表現しやすくなる。

② 友達の考えと自分の考えを比較させる

子どもの考えを拾ったら，教師はその子どもの考えを発表させて学級全体に拡げると良い。この考えには，すでに問題解決の次の過程である「予想」が含まれていることが多いが，その発言を受けてそれぞれの子どもが自分の考えと比較して思考することで「問題」が明確化されていく。

例えば，先ほどの水が沸騰したときの泡が空気ではないかと考えている子どもが，「この泡は空気なんじゃない？」と発言する。教師がこの発言を学級に拡げると，別の子どもたちの考えに作用する。別のある子どもは「水蒸気だよ」と発言する。別のある子どもは，「空気と水蒸気じゃない？」と発言する。すると，それぞれの子どもに「あれ，自分の考えとは違うぞ」という驚きや戸惑いが生まれ，「泡の正体は何か」という問題が明確になっていく。このように，教師が他者との関わりをつくり，出会った事物・現象に対する子どもの見方や考え方の違いを明らかにしていくことで，問題が生まれてくるのである。

❸ 「問題」の記述

ここで，教師は「問題」をどのように記述すべきか，という部分に触れたい。

「○○を観察しよう」とか「○○と○○の動きを調べる」などといった記述は，「問題」を追究するための手段であるから，「問題」の記述としては適切ではない。

前述のように，「問題」は子どもの問題意識に支えられているものであるから，子どもの思考に沿って疑問型で記述すべきである。

[問題の記述例]
- かん電池と豆電球をどのようにつなぐと明かりがつくのか
- 東の空に見えた半月はどのような動き方をするのか
- 花はどのような部分からできているのか
- 流れる水は，地面の様子をどのように変えるのか
- はき出した空気は吸い込む前の空気と比べてどのような違いがあるのか
- 振り子が1往復する時間は何によって変わるのか

子どもに疑問に思ったことを尋ねると，「なぜ〜なのか」という「なぜ」で始まる問題（問題文）を挙げることがある。観察や実験で検証できる問題（問題文）になっていれば良いが，子どもだけの発想では検証可能な問題（問題文）にならないことがある。

例えば，子どもが「なぜ豆電球がつくのか」という問題（問題文）を挙げたとしよう。この問題（問題文）では，豆電球の点灯に影響を与える要因・原因との関係が不明確で検証が難しい。そこで学習内容を踏まえ，教師は子どもとのやりとりを通して「かん電池と豆電球をどのようにつなぐと明かりがつくのか」などというように，検証可能な問題を把握させていくことが重要である。

❷ 予想・仮説を立てさせるポイント

繰り返しになるが，「○○を観察しよう」という記述は問題ではない。この記述では，予想や仮説の立てようがないことは言うまでもない。しっかりと問題を設定してはじめて，「予想や仮説」の設定に移行できる。予想や仮説を設定する場面は，子どもが問題解決の見通しをもつ重要な場面の一つである。予想や仮説が立てられると，その後の観察・実験を行う目的が明確になり，問題解決が意味あるものとなるのである。また，予想や仮説は，その後の「考察」を行う上で重要になる。

予想や仮説は，子どもの問題に対する考えが顕在化したものである。言い換えれば，予想や仮説を立てさせるには，問題に対する子どもの考えを顕在化させることが必要となる。また，その考えには根拠がある。子どもは，生活体験による既有経験や既習事項を根拠の基盤とすることが多い。そこで教師は，子どもの直感ではなく，既有経験や既習事項を基盤とした根拠を引き出せるようにしたい。

「予想」と「仮説」の違いについては，学習指導要領には明確に定義されていない。益田（2012）は，「予想とは，個人個人の内にあるもの」，「それがクラスの仲間とのやりとりを通して引き出されたものが仮説」としている。また，このようにとらえることで，「予想と仮説の関係を教師間で容易に共有でき，仮説への深化を対話という言語活動でつなぐことができる」と説明している[3]。

このとらえ方は，非常に明快である。一人一人の予想は，「○○だから◇◇ではないか」の○○（理由）が不十分であったり，検証可

能かどうか吟味できていなかったりする。

そこで教師は一人一人の予想を学級の中に広め検討させて整理し，いくつかの仮説を設定させていくと良い。そのためには，子どものより深い考えを引き出して論点の拡大が図れるよう，子どもたちが予想として思考していることを言葉で表現させ，それを基にして他の子どもたちが連鎖的に思考を言葉で表現していけるように働きかけることが重要となる。

こうした働きかけにより，子どもたちが論理的に思考したり推論したりする基盤を整えることができ，子どもの予想を仮説に高めていける。

❶ 子どもの予想を引き出す教師の働きかけ

次のような，予想の場面における教師と子どもとのやりとりがある。教師の働きかけに改善点はないだろうか？

教　　師：「予想と予想した理由をノートに書きましょう。」
子ども　：書く
教　　師：「では，発表してください。」
子どもA：「○○だと思います。」
教　　師：「なんで，そう思ったの？」
子どもA：「〜だからです。」
教　　師：「みなさんの予想はどうですか？これでいいですか？」
子ども　：「いいです！」
子どもB：「先生！」
教　　師：「はい，Bさん。」
子どもB：「△△だと思います。それは〜だからです。」
教　　師：「はい，△△という予想もありそうですね。これでいいですか？」
子ども　：「はい。」
教　　師：「では，実験してみましょう。」

子どもに予想させ，それを発表させ，「なぜ？」と根拠を引き出していて良い。一見，うまく授業が進んでいるように見える。しかし，このようなやりとりだけでは，理解できている子の発言で授業が進み，予想の場面が形骸化しやすい。また，子どものより深い考えを生み出させたり，論点の拡大を図ったりすることには至りにくい。

予想の局面は，自分の考えを自分自身で認識できる場面である。だからこそ，言語活動を充実させ子どもの考えを明確にさせる教師の働きかけが重要となるのである。

では一体，教師の働きかけとして何が重要なのだろうか。

近年の研究で，有効な教師の働きかけが明らかになってきている。その一つに，益田ら（2011）の研究がある。益田らによれば，予想の局面で熟達した教師は，子どものより深化した考えを引き出したり論点の拡大を図ったりするために，その子どもの主張と同じ内容を繰り返し述べる「言い換え（リボイシング）」という方略を用いていることを明らかにしている[4]。

益田らの研究は，予想の場面で言語活動を充実させ，相互作用のある対話空間を創るための教師の働きかけのポイントを示していると言って良い。また，熟達した教師の「言い換え」の表出は，ただ予想が立てられれば良いとするのではなく，子どもたちの深い考えを引き出して予想から仮説に練り上げていこうとする教師の思いの表れであるのではないだろうか。予想を顕在化させ，それを集約・整理・精緻化する意図的な教師の働きかけにより，子どもの予想を仮説へと深化させることができるのである。

> **資料④　子どもとやりとりする時の教師の「言い換え」の実際**
>
> 　益田ら（2011）は，教師と子どもの発話事例をプロトコルで示している。そのうち，教師の「言い換え」が表れる一部を引用する。〈　〉内は，p22の表2「相互作用のある対話の類型」のカテゴリ項目である。
>
> 《前略》
> G3：立てると重さが一つにまとまって，倒すよりも重さが重くなる。〈主張〉
> T10：立てると，重さが一つにまとまるん？〈言い換え〉
> G4：たぶん。〈主張〉
> T11：なるほどなぁ。へぇー。
> 　　　（言いながら板書「たてると重さがまとまる」）
> 　　　つけたし？はい，Hくん。
> H1：立てると，重さが1点に集中する。〈拡張〉
> T12：おっ，立てると一点，重さが集中するん？　Iさん。〈言い換え〉
> I1：はい。普通に置くと粘土の中の重さが全部に広まるけど，違う形や縦に置いたりすると，下についている粘土に重さがかかって逆に重くなる。〈拡張〉
> T13：やっぱ集まるってことかい？　なるほどな。集まるか。
> 　　　（板書「たてると重さが集まる」）　　　〈言い換え〉
> 《後略》

❷　仮説を立てさせる手立てと働きかけ

　第4学年からは，ある現象の変化（結果）とその要因・原因の関係を思考する学習を行う。ここでは，何（独立変数）が変化すると，現象（従属変数）はどう変化するのかという，変化するもの（変数）に着目させることが重要である。言語活動により，変数は何かを思考させ，その関係を推測させ，仮説として表現させたい。

　第5学年における振り子の学習の「何によって振り子の1往復する時間は変わるのか」という問題を例に挙げる。この問題に対して，「振り子の1往復の時間」（従属変数）に影響を及ぼす要因（独立変数）に着目させる。例えば，「振り子はゆっくり振らせることはできるのかな？」と子どもに問いかけると，子どもは「おもりの重さ」や「振れ幅」，「振り子の長さ」を要因（独立変数）として挙げ，それらを「どうすると」ゆっくりになるのかを推論して問題に対する仮説を設定することになる。

　この「どうすると」を引き出す中で，子どもから「おもりを高く上げればいい」といった発言が出てくることもある。ここで，教師は，「高く上げる」と考えた理由を尋ね，さらに別の表現を引き出しながら戦略的に「振れ幅が大きくなっていること」に整理していく。

　戦略的とは，言語活動を充実させ相互作用的な学びをつくることに対して戦略的なのである。「高く上げるの？」と復唱したり，「ゆっくり振らせるには高く上げるんだ」と言い換えたりして教室の子どもたちに返すことで，

一人一人の子どもはそれに対する自身の考えを述べたり説明したりする。戦略的に働きかけることで，「だって，高い方が動く距離が長いでしょ」という「距離」という視点を導入して説明する子どもが現れるかもしれない。また，「先生，高くすると，ここが（振れ幅が）広がるでしょ！」と説明する子どもが現れるかもしれない。こうした子どもの表現を学級に拡げつつ，うまく整理して，仮説が出来上がるのである。これが，子どもが思考し表現するための一つの指導力である。

このやりとりをしていると，「どのように検証するのか」といったところに思考が移行する。仮説設定の後の検証計画立案の段階に入っていけるのである。

仮説の例を以下に挙げる。

[仮説の例]
・おもりの重さを重くすれば，振り子が1往復する時間が長くなる
・振れ幅を大きくすれば，振り子が1往復する時間が長くなる
・振り子の長さを長くすれば，振り子が1往復する時間が長くなる

仮説を形成させる指導に関する研究は数多い。中でも，次に紹介する仮説を形成させるための指導法は，子どもの科学的な思考過程が視覚化され，思考の方法を学べるという点もあり，今後の理科の授業づくりを考えていく上で参考になる。

小林（2009）は，Cothron, j. h らが提唱したThe Four Question Strategyを基盤にしたワークシート（4QS：フォークス）を開発している[5]。4QSは子どもに仮説を形成させるためのワークシートで，「問題」の中にある「変化するもの＝従属変数」と「その変化に影響を及ぼす要因＝独立変数」を意識化させ，仮説を文章化させることができる。この4QSを活用した実践的な研究が行われ始め，理科授業における成果が報告されている[6]。小学校の理科授業において，独立変数を見いだしやすい問題の仮説を立てさせるには，大いに参考になる方略であろう。

資料⑤ 仮説設定シート「4QS」

小林は，電磁石の強さを例に挙げ，仮説設定シート「4QS」の各ステップとその記述のさせ方について，次のように説明している[7]。

> STEP 1は，変化する事象を従属変数として簡潔に記述する段階である。例えば，課題として「強い電磁石をつくるにはどうすればよいのだろうか」が与えられたとすると，STEP1の枠の中には，従属変数として「磁石の強さ」を記述する。
> STEP 2は，従属変数に影響をおよぼす独立変数に気づかせる段階である。ここでは，思いつく変数をできるだけ多く挙げさせる。教員の制御はできるだけ控えて，自由に自分の考えを発言できる雰囲気を醸成することが大切である。電磁石の場合であれば，枠の中にコイルの巻き数，エナメル線の太さ，鉄心の太さ，乾電池の数等が記述できる。
> STEP 3は，STEP 2で挙げた独立変数を実験条件としてどのように変化させるのかを考えさせる段階である。電磁石の例であれば，コイルの巻き数を増やす，エナメル線の太さを変える，鉄心の太さを変える，乾電池の数を増やす等を枠の中に記述することになる。
> STEP 4は，STEP 1で挙げた従属変数を数量としてあらわす方法を考えさせる段階である。小学校理科の実験であれば，電磁石につくゼムクリップや釘の数を記述すれば良いだろう。
> そして，最後にSTEP 3とSTEP 4とを関連付けて，「……すれば……は……になる」というような表現で仮説を文章で記述させる。電磁石の場合，「コイルの巻き数を多くすると電磁石は強くなる」や「コイルの巻き数が等しい電磁石につなぐ乾電池の数を増やすと電磁石は強くなる」等が枠の中に記述できればよいだろう。

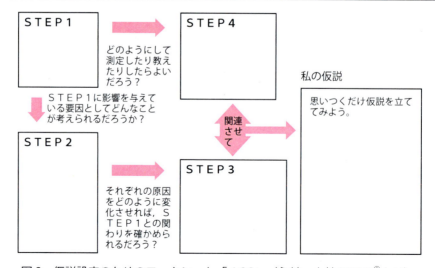

図3 仮説設定のためのワークシート「4QS」（永益・小林 [2006][8] より）

一方，問題の中には変数に着目できないものもある。それは，事物の性質やつくり・働きを追究する問題であることが多い。例えば，「磁石が鉄を引き付ける力はどの部分が強いのだろうか」という問題がそれであろう。この場合，先に述べたような働きかけを活用したりして子どもの予想を引き出し，仲間とのやりとりを通して学級の仮説に高めていくと良い。仮説は，「磁石が鉄を引き付ける力が強いところは両端である（両端説）」，「磁石が鉄を引き付ける力が強いところは磁石全体である（全体説）」などとなろう。この時，どのように検証したら良いかをあわせて考えさせると良い。「クリップがたくさん付いたところが，付かなかったところより磁石が強い場所である」ということを認識させることにより，問題解決の見通しをもたせることができる。

❸ 見通し・目的意識をもった観察・実験をさせるポイント

2008（平成20）年の学習指導要領の改訂では，小学校理科の目標に「見通しをもって観察・実験などを行うこと」が明記された。小学校学習指導要領解説理科編では，「見通しをもつ」ことを，「児童が自然に親しむことによって見いだした問題に対して，予想や仮説をもち，それらを基にして観察，実験などの計画や方法を工夫して考えることである」としている[9]。この背景には，「目的意識をもった観察・実験」の必要性を指摘した中央教育審議会の答申がある[10]。

理科における観察・実験は，問題解決の中核をなす活動であるとともに，子どもが意図的に自然に働きかける活動である。この観察・実験を無目的に行ったり，観察・実験をすることが目的となったりすると，子ども主体の問題解決とはならない。また，観察・実験の結果から何が分かったかが明確にならず，一連の探究的な学習を自分のものにできないこともある。そこで，しっかり見通しをもたせて観察・実験に取り組ませることが重要となる。また，観察・実験は子どもが明確な目的をもちそれを踏まえて結果を考察することで，その活動が目的的になり価値のあるものとなるのである。

そのためには，「問題設定」，「予想・仮説の設定」の局面が重要であることは，前述した通りである。そしてさらに，「検証（観察・実験）計画の立案」の局面が重要になってくる。つまり，「見通しや目的意識をもたせる」には，見いだした問題の予想・仮説を立て，それに基づいた検証の方法や計画を立てると良いのである。

ここでは，授業でどのような推論過程をたどらせるかという授業展開の違いに着目して，見通し・目的意識をもたせた観察・実験をさせるポイントを述べる。

❶ 推論の過程の違いによる授業展開

理科の授業は，その展開の仕方で「帰納的な推論をたどらせるもの」と「演繹的な推論をたどらせるもの」に大別できる。

帰納的な推論をたどらせる授業は，観察・実験から得られた個々の事象から一般法則を導く展開となる。こうした帰納的な展開の観察・実験では，子どもがその法則を発見するためのデータを収集することが目的となる。したがって，教師は「○○を発見するためにこの観察・実験をしましょう」とは言えないため，「子どもの問題」としての問題やその予想・仮説が設定されていないと，帰納的な展開において子どもに観察・実験の見通し・

目的意識をもたせにくい。子どもに観察・実験の目的をしっかり理解させるためにも、「子どもの問題」として問題を把握させ、予想・仮説を設定させることが最低限必要となるのである。

一方、演繹的な推論をたどらせる授業は、一般法則を個々の観察・実験の事実に当てはめて考察し結論を導く展開となる。こうした演繹的な展開の観察・実験では、与えられた一般法則を検証することが目的となる。観察・実験結果を得ることが一般法則の検証という目的と一致するため、教師は子どもに観察・実験の目的意識をもたせやすい。しかし、演繹的な授業では、観察・実験結果が分かっているため、子どもの興味・関心が薄れる。そこで、観察・実験への興味・関心を高めながら、見通し・目的意識をもたせる工夫が求められる。

❷ 見通し・目的意識をもたせるための具体的方略

問題解決的な学習過程に基づいて、帰納・演繹それぞれの授業展開で観察・実験の見通し・目的意識をもたせる具体的な方略を述べる。

① 帰納的な展開で見通し・目的意識をもたせる

小学校第3学年の単元「電気の通り道」では、電気を通す物と通さない物があることを学習する。この授業では、回路の一部に身の回りの物を入れて豆電球が点灯するかどうかを調べ、電気を通す物と通さない物があることをとらえさせる。ここでは、帰納的な展開で授業が行われる。逆に、「アルミニウム・鉄・銅・炭は電気を通す物、木・ガラス・プラスチックは電気を通さない物です。本当かどうか確かめてみよう。」と演繹的に行ったとすると、結果が分かっているため子どもの観察・実験への興味・関心が薄れる。また、「色の違うプラスチックは本当に電気を通さないのか」などと、実験の目的が変わってしまうことも考えられることから、帰納的推論をたどらせる授業の方が良い。

図4に、帰納的な展開で目的意識をもたせる授業展開例を示す。この場合、例えば「どんなものが電気を通すのだろうか」という問題が良い。こうすることで、「電気を通す・通さないことを調べる」という目的を子どもが把握できる。一般的に目的意識をもたせるには、「～はどうなるだろう」という漠然とした問題にしないことが重要である。また、「予想・仮説の設定」の局面では、「予想だけでなくその理由（根拠）を求める」ことが重要となる。既習事項と生活体験を拠り所とする子どもの予想を整理することで、観察・実験の見通しや目的意識をもたせることができる。さらに、「実験方法を考える」という「検証計画の立案」の過程を入れることで、観察・実験の目的意識をより強くもたせることができる。

「検証計画の立案」の段階では、予想や仮説が検証できるものであるか、どのような対照実験にするか、どんな観察・実験器具を使用したら良いか、どんな手順で行うか、といったことを検討させると良い。その際、子どもたち自身で検討できることが理想であるが、特に3年生、4年生に対しては、教師が子どもの考えを整理しながら検証計画の立て方のモデルを示し、一緒に計画することが必要となろう。検証計画の立て方の視点を獲得させていくことが重要である。そして、5年生からは、「どのように条件を制御すれば（調べる条件とそろえる条件は何かを整理すれば）、

検証できるのか」,「自然現象をモデル化して実験する時のモデル化は適当か」といった視点を獲得させ,子どもたち自身で立案できる力の育成を目指したい。その際も,教師と子どもたち,あるいは,子どもたち同士の言語活動が重要である。

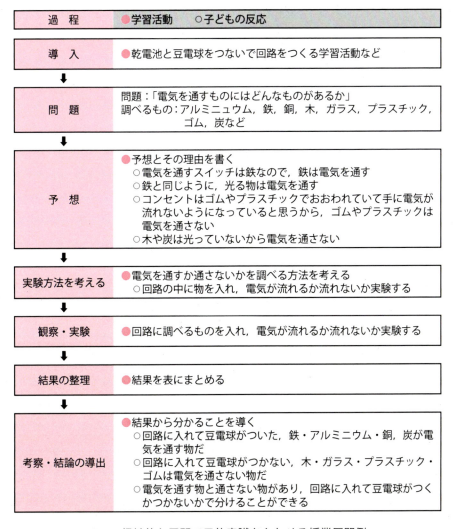

図4　帰納的な展開で目的意識をもたせる授業展開例

② 演繹的な展開で見通し・目的意識をもたせる

小学校第5学年の単元「物の溶け方」では，「物が水に溶けても，水と物とを合わせた重さは変わらないこと」を学習する。つまり，ここでは溶質が水に溶けてもその質量が保存されることを学習することになる。

一般的にこの学習は，溶質に食塩を使った実験を行うが，帰納的な展開で授業を行うと，図5のような展開になる。この実験では，誤差が生じるために，食塩水の重さが食塩と水を合わせた重さより僅かに少ない結果となる場合がある。すると子どもは，「水に溶けると軽くなる」ととらえてしまうことがある。また，子どもはこの学習に入る前に，「物が溶けると見えなくなり無くなる」という素朴概念をもっているので，水溶液の重さの数値が物と水を合わせた重さの数値と同じという結果を得ても，「本当は少し軽くなっている」と解釈することがある。この場合，実験を何度行っても，食塩が見えなくなっている以上，子どもが質量保存の法則を発見することは難しくなる。そこで，実験の精度を上げたり，粒子モデルを導入した授業を展開したり，演繹的推論をたどらせる授業を展開したりすると良い。ここでは，演繹的な展開を示すこととする（図6）（ただし，ここでは仮説設定の過程が不十分である）。

ここではまず，「食塩を水に溶かすと食塩の重さはどのように変わるのだろうか」という問題を把握させ，子どもに予想させる。

図5 帰納的な授業展開例（物の溶け方）

図6　演繹的な展開で目的意識をもたせる授業展開例

次に，予想を発表させた後，「物を水に溶かしてもその物の重さは変わりません」と教師が一般法則を示し，「それを証明する（検証する）実験を考えよう」という課題を提示する。こうすることで，「溶質の質量が変わらない」という一般法則を実験で検証するという目的がはっきりする。また，「検証方法の立案」という過程が入ることで，見通し・目的意識をより強くもたせることができる。

さらに，子どもが考えた実験方法（図7）で実験を行うことで，興味・関心を高めながら問題を解決していくことができる。

栗原ら（2010）は，この溶質の質量保存の学習における演繹的な授業展開は，帰納的な授業展開よりも子どもの概念形成が図れたとしている[11]。このことは帰納的な授業の展開を否定するものではなく，どちらが優れているという問題ではない。「一般法則を示し

それを証明する実験方法を考えさせる」といった演繹的な展開を指導計画に位置付けることも，授業をデザインする上で検討する必要があることを示唆している。

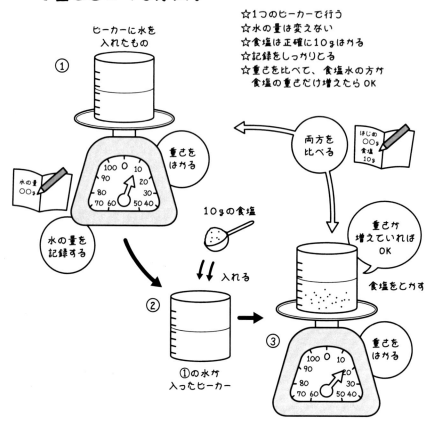

図7　子どもが考えた検証計画の一部（図で示した実験手順）

4 結果を整理させるポイント

観察・実験で得られる事実やデータは，対象の構造や性質，条件の違いによる量的・質的変化，それらの時間経過に伴う変化など多様であり，スケッチなどの描画や文，数値で表すことになる。観察・実験の見通しという部分にも重なるが，どのデータをどのように記録しておくと良いかを観察・実験の前に検討させ，描画スペースや表のスペースを用意しておくと良い。

表に記録をさせる場合，その中に「○×」を記入するだけでは後の考察が貧弱になるばかりか，科学的な見方・考え方は養われない。例えば，デンプンの量の多少によって，ヨウ素デンプン反応の色（青紫色）の濃淡は変わる。実験で色の濃淡の違いがあったにも関わらず，青紫色になったからといって両方「○」としては，「デンプンの有無」だけしか考察できず，「デンプンの量の違い」が考察できなくなってしまう。

また，水の沸騰についての学習では，加熱時間，温度，水の状態を一目で読み取れる表にする必要がある。特に「水の状態」は，泡の有無だけ記録すれば良いわけではなく「泡の大きさ」や「泡の出方」など，文や図で表現させることが重要である。こうした色の変化の違いや時間経過に伴う変化など，観察・実験の際の小さな変化や自分の気付きも併せて表に記録させることが大切である。この情報は，表をグラフ化して考察する際に，グラフを読み取る情報にもなるのである。

理科では，観察・実験から得られた変化に傾向があるかどうか，規則性があるかどうかを見い出す科学的な思考が重要である。そこで，傾向や規則性をとらえるために，結果をグラフに表現して思考することが大切になる。

●グラフでデータの傾向をとらえることの重要性

後述する「考察」とも関連するが，結果から分かったことや読み取ったことを記述できるようにさせたい。特に，独立変数と従属変数の関係を数値で検証できる実験では，数値データをグラフ化してその傾向や規則性をとらえさせることは，とても重要である。しかし，子どもはグラフを作成しても，すぐデータの傾向や規則性に目が向かないことがある。グラフ化の意味とともに傾向や規則性を見いださせる指導が重要となる。例えば，表の数値をグラフにプロットした時点で，すぐに線で結ばずに，データの傾向や規則性をつかませる。または，傾向の違う2つのグラフを比較させたり，グラフの外挿を考えさせたりしてデータの傾向や規則性を考えさせても良いだろう。

第5学年の「物の溶け方」では，「物が水の溶ける量は水の温度や量，溶ける物によって違うこと」を学習する。溶かす物質には，一般的に食塩とミョウバンを使うことが多い。特にミョウバンは，温度が高くなるほど溶ける量が増えるが，その増え方は温度に比例しない（図8）。この増え方の傾向は，表ではなかなかとらえることは難しい。そこで，データをグラフ化して，傾向を読み取らせる。深く思考しないで記述すると，「水の温度を上げると，溶けるミョウバンの量は増える」となるが，この記述では，きちんと現象をとらえたことにはならない。そこで，言語活動を充実させ，「温度が高くなるほど，溶ける量はぐんと増える」ことを読み取らせ，比例関係ではないことをつかませたい。

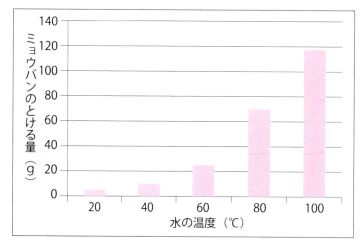

図8　各温度の水100gに溶けるミョウバンの量

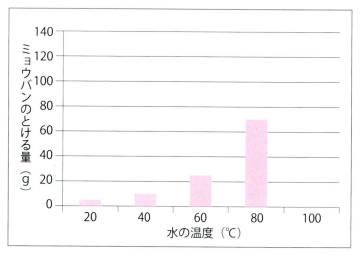

図9　100℃の時にどのくらい溶けるのかを考えさせる場合のグラフ提示

5　考察・結論を導出させるポイント

　科学的な思考力や表現力を育成する上で，考察の局面は非常に重要である。しかし，子どもに考察を書かせると，結果を書いてしまっていて，考察になっていないと嘆く教師は少なくない。

　そこで教師は，どんな問題を追究していたのか，どんな予想・仮説を立てたのか，どんな結果だったのか順次立ち返らせ，分かったことを記述させ説明（表現）させると良い。予想や仮説と照らし合わせて，結果は合致したのかしなかったのか，どうしてそう言えるのかを考え問題の解を導き出す作業が考察であることを，教師自身がとらえ，授業を行うことが大切である。また，仮説検証という科学的な問題解決によって分かったことを説明するために，図や表，モデルやモデル図，グラフなどを使うこととなる。説明しながら思考し，抽象化された概念，科学的な概念が獲得されていく。教師はこの活動が，グループや教室全体の活動になるように工夫すると良い。

　また，考察のあとに，結論をまとめる場面を設定すると良い。結論では，この問題解決の過程でどのようなことが分かったのか，何を学んだのかを記述する。観察・実験で分かったことと今までの知識や既習事項，または日

常生活と関連付けられるようにすると良い。問題解決を振り返りながら、結論をまとめるという活動を指導計画の中に位置づけても良い。その一つの例に、問題解決を振り返るレポート作成がある。問題、予想・仮説、検証方法、結果、考察、結論といった解決の過程を振り返らせることで、子ども自身が概念変容を自覚できる。また、導き出した問題の解（概念）と他の概念と関連付けることで、形成した概念をより定着させることができる。

しかし、ただ単にレポートを書かせても、良いレポートにはならない。やはり、書き方を指導する必要がある。栗原ら（2014）は、良いレポートの基準を子どもが理解していることが、より良い記述につながることを実証的に明らかにしている。その中で、子どもに基準を理解させるために、「教師と子どもとで一緒にルーブリック※を作成する」という方法をとっている。「良いレポートは○○なレポートです」と、ルーブリックを教師側から提示するのではなく、「良いレポートにするには、この部分はどのように書いてあったら良いか」を一緒に考えていく提示の仕方である。このようにルーブリックを提示した上で、一人一人がレポートを作成する時、グループで話し合いながら作業させることで、相互作用のある発話が増えレポートの記述が高い基準に達すると指摘している[12]。

※ルーブリック（rubric）

特にパフォーマンス評価における評価基準の客観性を保証するものとして考案された。田中（2008）によれば、ルーブリックによって評価基準を提示することにより、評価の共通理解ができるとしている[13]。

［栗原淳一］

【参考・引用文献】
[1] Berlyne, D. E., Structure and direction in thinking, 1965, New York: John Wiley., 橋本七重・小杉洋子訳（1970）『思考の構造と方向』, 明治図書.
[2] 小林辰至（2012）『問題解決能力を育てる理科教育－原体験から仮説設定まで－』, 梓出版社, p.54.
[3] 益田裕充（2012）『理科指導の研究 なぜ大学生は4本足のニワトリを描くのか』, 上毛新聞社, p.37.
[4] 益田裕充, 倉澤友梨, 清水秀夫（2011）「教師による「言い換え」が授業の知識協同構成に与える影響－ Transactive Discussion の質的分析カテゴリを用いた理科授業分析に基づいて－」, 臨床教科教育学会誌, 11（2）, pp.65-72.
[5] 小林辰至（2009）「生徒に仮説を設定させる新しい理科指導法（Four Question Strategy）の概要」, 日本理科教育学会第59回全国大会発表論文集, p.57.
[6] 例えば、金子健治, 小林辰至（2011）「The Four Question（4QS）に基づいた仮説設定の指導がグラフ作成能力の習得に与える効果に関する研究：中学校物理領域「力の大きさとばねの伸び」を例として」, 理科教育学研究, 51（3）, pp.75-83., 長谷川直紀, 小林辰至（2012）「変数を意識させた実験の取り組みが表現力に及ぼす効果について－オームの法則の実験について－」, 日本理科教育学会北陸支部大会発表要旨集, p.21.など
[7] 前掲書[6]
[8] 小林辰至・永益泰彦（2006）「社会的ニーズとしての科学的素養のある小学校教員養成のための課題と展望－小学校教員志望学生の子どもの頃の理科学習に関する実態に基づく仮説形成のための指導法の開発と評価－」, 科学教育研究, 30（3）, pp.185-193.
[9] 文部科学省（2008）『小学校学習指導要領解説 理科編』, 大日本図書, pp.7-11.
[10] 中央教育審議会（答申）（2008）『幼稚園, 小学校, 中学校, 高等学校及び特別支援学校の学習指導要領等の改善について』, p.88.
[11] 栗原淳一, 益田裕充（2010）「演繹的推論に基づく課題解決学習が質量保存の科学的な概念の形成に与える影響」, 教材学研究, 21, pp.49-56.
[12] 栗原淳一, 二宮一浩（2014）「ルーブリックの提示方法の違いが理科実験レポートの記述に及ぼす影響」, 群馬大学教育学部紀要自然科学編, 62, pp.51-58.
[13] 田中耕治（2008）「学力調査と教育評価研究」, 教育学研究, 75, pp.146-156. て－」, 理科教育学研究, 50（2）, pp.39-50.

❷ 言語活動をどう評価するか

　言語活動の充実が叫ばれて久しい。しかし，これまでのところ理科授業において言語活動は科学的思考力育成のために行うのであると言ったことが強調され，「言語活動についての質的な評価」が行われているとは言い難い実態にある。「科学的思考力を育成するために言語活動を展開する」という指摘は，いわば言語活動によって到達されるべき授業像を示している。しかし，どのようにすればそのような資質・能力を子どもに獲得させられるのであろうか。その方法を検討しなければならない。

　ソーヤー（Sawyer,R.K.）は「深い理解のためには教室において仲間や教師と議論しながら知識を作り出したり，その議論の過程を批判的に検証したりするなどのことを通して，生徒がその対話過程で能動的に参加することが必要である」と，言語活動による教室談話の役割の重要性を指摘している[①]。こうした指摘は，まさに授業で語られる発話の質を検討することの重要性の指摘である。

　理科授業は，「課題（問題）➡予想・仮説➡観察・実験➡結果➡考察」といった問題解決の過程を辿るのが一般的である。この問題解決の過程を通し，言語活動の充実を図りながら各局面を関連させて授業が進められる。授業の質を見極める上でも，教師は言語の量や発言の活発さばかりではなく，そこで何が語られたかを大切にしたい。一人ひとりが語ったことを質的に分析する能力こそ，個に応じた授業を創造し確かな学力を育む教師にとって重要な能力となる。ここでは，言語活動を質的に評価する方法を紹介する。

❶ 「読解をもとにした表現」としてのメタファ（比喩的な表現）

　私たちが，普段，ものを考えたり行動したりする際に基づいている概念体系の本質は，根本的にメタファー（比喩的な表現）によって成り立っている。人間の思考過程においてメタファー（比喩的な表現）は中心的な機能を果たしている。人間の理解の活動とは，根本的に「各人にとっての意味」づけであり「理解される意味」とは，主体の身構えと切り離し得ない「らしさ」の意味であり，この「らしさ」の説明には不可避的に「たとえ」を用いざるを得ない。

　これは，授業においても同様である。子どもに固有な考えをより科学的なものにするためには，比喩的な表現を用いた「各人にとっての意味」づけが重要となり，その際，用いられるのはメタファをはじめとする比喩的な説明であることは多くの研究者の知るところである。

　つまり，言語活動の対象となる「表現」とは，「体験と感想を基にした表現」ばかりではない。むしろ「思考と表現の一体化」を求める表現であり，それは，メタファのような「読解を根拠にした表現」にこそ価値があるのである。

　例えば，中学校理科の授業で子どもは，人体について学習する。その中に肺の学習がある。肺について子どもは学習前にどのような素朴概念を有しているであろうか。調査を行うと，肺の中が空洞であると考えている子どもが多数いることが分かる。そこで，教師はこの素朴概念を払拭するために実際にブタの肺を用いて，その肺に空気を入れ，大きく膨らんだ肺をアイスピックで刺すという演示実験を子どもに体験させている。

　次は，図10の演示に至るまでのやりとり

第2章　子どもが思考し表現する授業をどうつくるか　43

である。

図10　肺にアイスピックを刺す子ども

T₁：じゃあいきますよ。入れていきます。これさ，空気入れたらどうなると思う？
S_A：膨らむ。
S_B：風船みたいに膨らむ。
T₂：膨らむ。膨らまないっているよね？
S_C：膨らまない。
T₃：じゃあ，いきますよ。（一気に肺に息を入れて膨らませる）
S：うわー。（何人も）
S：うおー。（何人も）
S：すごいー！（何人も）
S_D：もう一回！
T₄：じゃあ，もう一回膨らませるから，これさ，今，いいですか。このあと。みんなには，肺がどういうつくりをしているかっていうのを考えてもらいます。だから，これよく見てて。考えながら，いくよ。
S：うおー。（何人も）
S：すごい。（何人も）
T₅：では，自分が考える肺のつくりっていうのを描いてください。図や言葉で描いてください。肺はこういうつくりをしてると思うっていうのを。
（中略）
T₆：同じ感じ？なんか描いてたよね？
S_E：中が空洞になっている。
T₇：はい，今S_E君が言ってくれたのは，中がね，風船みたいだから，空洞になっているって言ってくれました。これ以外の意見ありますか？
S_F：えっと，肺の中にさらに小さいなんか変な袋？みたいなのがたくさんあって，それが空気を入れ込むことによって，膨らむ。
T₈：肺の中にさらに小さな袋がある。じゃあ，肺がこう，あるとして，この中に小さい袋がある？
S_F：たくさん。
T₉：ちょっと違う？ちょっとさ，S_Fさんの絵を見せてください。参考にさせて。なるほど。今言ってくれたのは，ちょっと見てください。さっきはね，風船みたいに1枚の袋じゃないかっていう意見が出たんですけど，今度はこの中に，なんか，小さい袋の集まりがあるんじゃないかって，これが膨らむってこと？
S_F：はい。
T₁₀：っていう意見がありました。この他にありますか？いいですか？今，1つの袋っていう意見と，袋が中にたくさんあるんじゃないかっていう意見が出ました。では，これからある実験をしたいと思います。今，さっき膨らましたよね。膨らました状態で，ここに，太い針があるので，これで穴をあけたいと思います。
S：えっ。（全員）

これらは、子どもの考えを引き出す教師の意図的なメタファ（比喩的な表現）の創造によって、肺のつくりが仲間と共に言語活動によって読解されていく過程とも言える。教師は子どもの素朴な考えを引き出す上でメタファ（比喩的な表現）を有効に機能させ、読解に基づく表現活動を成立させることに腐心しているのである。まさに教師にとってメタファ（比喩的な表現）による表現こそ、「読解をもとにした表現」として言語活動の充実を読み解く鍵となる。

❷ 教室に特有な発話連鎖の構造

次に、教室に特有な発話連鎖構造による言語活動の質的な分析方法を紹介する。授業は決して一様ではなく、多様な子どもの考えを発散と収束を繰り返しながらひとつの方向に収束させていく過程である。教室は何らかの規範に基づいて生成されており、発話は単なる認知の内的表象ではなく、社会的な行為である[2]。参加者の行為は規範に規定されると同時に規範を資源として円滑に営まれている[3]。そこで、特定の社会集団の内部で自明視されている判断や行動のコードを読み解き、その社会集団の日常生活を構成している文化規範と権力関係の行動や感覚に即して開示する方法であるエスノメソドロジーの視点を紹介する[4]。この方法によって、授業の社会的性格を示したのがメーハン（Mehan,H.）のIRE発話連鎖構造である。

メーハン（Mehan,H.）によって「Initiation（教師によるはたらきかけ）-Reply（子どもによる応答）-Evaluation（教師による評価）」という発話連鎖の構造が、教室談話の特徴として明らかにされている[5]。メーハンの提示したIREの枠組みにもとづいて教室談話のディスコースの研究を進めたキャズデン（2001）やヒープ（1988）は、教師が学習者の返答を受ける発話は実際には評価だけでなくさまざまな機能を持つことを指摘し、「（E）ターンではなく、（F）ターンを使用している。」と言う[6]。そこで、メーハン（Mehan,H.）の教室談話分析の手法であるIRE発話連鎖構造を援用し、その後の諸研究の成果に従い、教師発話のE（Evaluation）については、IRF発話連鎖構造の考えに基づいてF（Feedback）を設定し捉える研究が深化している。

こうした数多くの先行研究の考えに基づき、本稿では。益田・倉澤らによる教室の質的な談話分析の指標を紹介する[7]。

❸ カテゴリーの詳細分析による言語活動分析のヒント

❶「Ⅰ（Initiation）」（教師によるはたらきかけ）のカテゴリー

Ⅰについては、藤江が設定した「指示」「質問」「説明」の3つのカテゴリーをもとに、「発話機能」としてカテゴリーを再設定した。その「質問・発話」の下位カテゴリーとして、メーハン（Mehan,H.）が設定したもののうち4つ（「選択誘発」、「結果誘発」、「プロセス誘発」、「メタプロセス誘発」）を設けている。それらを表3に示す。

表3　教師によるはたらきかけのカテゴリー

カテゴリー		説明
質問・発話	選択誘発 (choice elicitation)	Yes－Noを答えさせたり，選択肢の中から選ばせたりするような問い。
	結果誘発 (product elicitation)	事実や結果についての問い。
	プロセス誘発 (process elicitation)	意見・解釈やプロセスを訪ねる問い。
	メタプロセス誘発 (meta-process elicitation)	推論の根拠についての問い，内省を促すような問い。
説明・情報提示 (information)		情報の提示，情報の整理，説明を補う。
指　示 (directive)		指名，指示。

科学的思考力を育成するため，特にプロセス誘発やメタプロセス誘発としての教師の働きかけが重要であると言われる。

❷ 「R（Reply）」（子どもによる応答）のカテゴリー

Rについては，「発話タイプ」，「参入」，「発話機能」の3つの観点からカテゴリーが設定できる。「発話タイプ」と「参入」については，藤江が行ったコーディングを用いた。「発話機能」については，メーハン（Mehan,H.）が設定したカテゴリー項目を用いた。

「発話タイプ」とは「フォーマル」，「両義的」，「インフォーマル」の3つに分類される発話内容の公式度のカテゴリーである。表4は，茂呂による発話タイプの分類を参照したものである[8]。発話内容が，学習課題の文脈や授業進行に沿っているか否かに基づき分類する。とりわけ，「両義的」は，科学概念を優先する学習の文脈に，子どもが日常生活の論理や個人的な経験を持ち込む場合に主に見られ重要である。

「参入」とは，授業に対する参加の仕方を示すものである。発話取得手続きのカテゴリーであり，「要求挙手」，「挙手指名」，「指名発話」，「暗黙要求」，「自発」の5つに分類される。メーハン（Mehan,H.）によれば，子どもの発話の取得の仕方は学級特有であり，教師の統制の度合いが影響を及ぼすという[9]。「要求挙手」から「自発」に進むにつれ，発話取得の手続きの省略が進むとともに教師の統制度が低下する。そのため，参入の公式度は低くなり子どもにとっては発話機会の自由度が高くなる言語活動と言える。

「発話タイプ」，「参入」，「発話機能」それぞれについて設定されたカテゴリーを表4，表5，表6に示す。

表4　子どもの応答（発話タイプ）の分類カテゴリー

カテゴリー	説　明
フォーマル	学習の本流に沿った内容の発話，学習課題についての発話。
両義的	フォーマルな内容とも，インフォーマルな内容ともとれる発話。
インフォーマル	ふざけるなど，学習の文脈とは全く関係のない内容の発話。

表5　子どもの応答（参入）の分類カテゴリー

カテゴリー	説　明
要求挙手	明示的挙手・発話要求－子どもの挙手－教師の指名－子どもの発話
挙手指名	挙手－指名－発話：子どもの方から挙手して，発話する。
指名発話	指名－発話：教師の指名を受けて，発話者が決まる。
暗黙要求	暗黙的挙手・発話要求－発話：教師の働きかけなどで暗黙的，誘発的に応答行為が求められる。
自　発	自分から発話する：上記以外。挙手や指名，発話要求が無くはじめられた発話。

表6　子どもの応答（発話機能）の分類カテゴリー

カテゴリー	説　明
反　応 （reaction）	目の前の事象に対する反応や，教師の説明・情報提示に対して反応を示す発話。
承　認 （acknowledgment）	教師の発話に対して同意したり，認めたりする発話。
選択応答 （choice response）	Yes－No を答えたり，選択肢の中から選んだりするような返答。
結果応答 （product response）	事実や結果についての返答。
プロセス応答 （process response）	意見・解釈やプロセスを答える返答。
メタプロセス応答 （meta-process response）	推論の根拠についての返答。
無反応 （no reply）	反応なし。
その他 （other）	上記以外。

❸ 「F（Feedback）」（教師によるフィードバック）のカテゴリー

　教師によるフィードバックのカテゴリーは，前述した通りIRFの発話連鎖の考えを援用し，教師発話をF（Feedback）と捉え，「評価（Evaluation）」はFの下位カテゴリーとして扱った。

　そこで，Fについては，藤江が設定したカテゴリー項目を用い，発話機能について「評価」，「復唱」，「返事」の3つに大別した。さらに「評価」の下位カテゴリーとして，メーハン（Mehan,H.）が設定したカテゴリー項目（「肯定」，「促し」，「否定」，「再誘発」，「認可」）の5つを設定した。それらを表7に示す。

表7　教師によるフィードバックの分類カテゴリー

カテゴリー		説　　明
評価	肯　定 (accept)	正しい応答（correct reply）に対する肯定的な評価の発話。
	促　し (prompts)	誤った応答（incorrect reply）に対して正答を思い出させるような発話。
	否　定 (reject)	誤った応答（incorrect reply）に対する否定的な評価の発話。
	再誘発 (repeat the elicitation)	誤った応答（incorrect reply）に対して再度行う同じ発話。
	認　可 (sanction)	ただしい応答と誤った応答に対しても受け入れる発話。
復　唱		子どもの発話に対して同じ言葉をくり返す発話。
返　事		子どもの発話や質問に対する返答や返事。

❹ **IRF発話連鎖構造分析による理科授業の質的検証例**

では，前述の分類の観点を用いて言語活動の充実をどのように評価するのか。特に，本稿では言語活動を充実させるいわば戦略とも言うべき教師の支援という観点を中心に例示してみたい。

事例として，小学校第3学年理科「ものの重さをはかって比べよう」の課題設定までの授業場面を挙げる。この授業の問題解決の過程は次の通りである。①課題：「かさが同じ時，ものの重さはどうなっているか調べよう。」をつかませる。②予想：問題に対して，重さが変わるか，変わらないかのどちらかに挙手をしてから予想を記述させる。同じ体積の物（塩や砂糖など）の重さを比べる方法を話し合わせる。③観察・実験：塩と砂糖を同じ容量のプリンカップに擦り切りいっぱい入れ，同じ体積である塩と砂糖の重さを比較させる。④結果：実験から得た結果を各班が発表しまとめさせる。⑤考察：結果を仮説と照らし合わせながら自分の考えとしてまとめさせたり，分かったことを話しあわせたりする。

まず，課題設定までの場面に教師の働きかけとしてプロセス誘発が現れていた。この教師の働きかけとしてのプロセス誘発には2つの機能があった。課題設定までの教師の働きかけとしてのI（Initiation）の全発話80発話のうち，プロセス誘発が9発話あった。その実際が表れている場面を次に示す。

S_{I3}：かさも同じだし，ペットボトルも同じだから，同じだと思う。
　　　＜メタプロセス応答＞

T_{37}：中身は関係ないの？
　　　＜プロセス誘発＞

S_{14}：中身，量。かさ。かさ。かさ。
　　　＜プロセス応答＞

T_{38}：あー。かさが同じならな。＜認可＞
　　　あ。じゃあ，中身が何であってもね。お茶でも，コーヒーでも何であってもね，かさが同じなら，重さは，まぁ，同じか？＜選択誘発＞

S_{G2}：いや。いや。でもわかんない。
　　　＜プロセス応答＞

T_{39}：さっきのカンカンのことはどうなるんだ？
　　　カンカンはだって，スチールと鉄で重さが違うようなこと言ってたじゃない。

　　　　　＜プロセス誘発＞
S $_{G3}$：そりゃそうだよ。＜承認＞
S $_{B1}$：粉とかでできてないんですか？
　　　　　＜その他＞

　S $_{I3}$ の発話に対し教師は，F（Feedback）という過程をふまずに T $_{37}$ のようにプロセス誘発によってさらに子どもに働きかけている。これは課題が引き出される直前の場面であるが，授業の開始から他者との意見交換という過程を経て，子どもは自分の考えに見通しを持ち始めている。教師がプロセス誘発を用いて働きかけることで，子どもの考えは揺さぶられ，疑問や問いはさらに深められている。また，教師の揺さぶりによって S $_{B1}$ の自発的な発話が生まれた。このように子どもの考えを揺さぶる機能のあるプロセス誘発による教師の働きかけとしての発話は，全9発話のうち4発話であった。つまり，課題設定までの導入で，教師によるプロセス誘発が機能していることが分かる。

　さらに，教師は，T $_7$ のような選択誘発を教師の働きかけ全80発話中21発話用いて子どもに働きかけていた。

T $_7$：今日はちょっと，これ。先生，この，この缶コーヒーが大好きなんだけど。＜説明・情報提示＞
　　　これとこれはさ，いいよ見た目でね，どっちが重い？＜選択誘発＞

　本来，教師は，子どもの意見や考えを深めるためにプロセス誘発やメタプロセス誘発を用いる。しかし，小学校3年生では，問い方によってはうまく自分の考えを表現することが難しい場合がある。そこで，本時のように教師が問いを選択的にすることによって，子どもの考えを引き出そうとしていたことが分かる。

　では，課題設定までの場面に現れた子どもの応答（Reply）の特徴はどうであろうか。子どもの発話で，参入のタイプが自発である発話が15発話あった。インフォーマルと両義的であるものは8発話で，残りの7発話はフォーマルなものであった。その実際が表れている場面の一部を次に示す。

S $_{G1}$：形が同じだから，たぶん同じだと思う。
　　　　　＜フォーマル・自発・メタプロセス応答＞
T $_{30}$：何が同じ？＜促し＞
　　　じゃあ意見がある人，手挙げて言って。じゃあ，S $_H$ 君。＜指示＞

　S $_{G1}$ のようなフォーマルに行われた自発発話に着目すると，それは，子どものひらめきと言えるような，授業を進行する上で鍵となる発話である場合が多い。T $_{30}$ で，教師はこの自発発話を受け入れ，この子どもの自発発話はクラス全体へと広がり，授業の展開を左右していったのである。

　また，子どもの自発発話に関しては，教師はほとんどの自発発話を一旦受け入れ，その後のやりとりを通じて円満な終了を図っている[⑩]ことが明らかになっている。この場面においても同様のことがいえる。

　最後に，課題設定に至るまでの熟達した教師によるフィードバック（Feedback）の特徴であるが，教師は促しや復唱といった F（Feedback）を用いることによって，子どもの考えを引き出し，その発話が教師の意図する発話である場合は強調することがわかった。その実際が表れている授業のプロトコル

を次に示す。

T$_{15}$：これだったらどう？
　　　＜プロセス誘発＞
　　　こっち重いんだけど，あ，おっきいんだけど。＜説明・情報提示＞
S$_{A6}$：おっきいからといって重いとは限らない。＜プロセス応答＞
T$_{16}$：なになに？＜促し＞
S$_{Cn}$：大きいからといって重いとは限らない。＜プロセス応答＞
T$_{17}$：大きいからといって，重いとは限んないんな。＜復唱＞

　T$_{15}$のような教師の問いに対して，複数の子どもの考えの中からS$_{A6}$のようなつぶやきを拾い，教師は促しによって子どもの考えをはっきりとした発話へと変容させている。また，その発話を復唱することによって，一人の子どもの考えをクラス全体へと広げている。

　本来，授業のはじまりは，子どもの疑問に基づき，子ども一人ひとりがクラスの仲間と主体的な問いを発しながら課題や問題を設定することが重要となる。課題や問題を設定するまでの過程において，このように子どもの発話を多く引き出し，クラス全体に広げることで，子どもの考えは多様になる。さらに，この教師は促しから復唱を用いることで，子どもの考えをクラス全体に引き出す授業をデザインしていたのである。このように，教師がフィードバックとして，促しから復唱のパターンを表したのは2発話であった。

　つまり，教師の働きかけとしてのI（Initiation）で教師は，プロセス誘発を用い，子どもの考えを揺さぶり，さらなる問いを生み出したり，子どもの考えを広げ，知のネットワークを創造したりしていることが明らかである。また，子どもの発達に応じて教師は選択誘発を戦略的に用いており，これも子どもの考えを引き出す方法となっていた。さらに，子どもの応答R（Reply）で教師は，子どもに現れた自発発話を受け入れ，クラス全体へと広げ，新たな授業展開の戦略として用いていたのである。この自発発話は，授業を新たな展開へと導く上で重要な鍵となる発話である場合が多い。また，教師のフィードバックF（Feedback）として，教師は，促しから復唱を用いることで，子どもの考えをクラス全体に引き出し授業をデザインしていたのである。

　このように教室の発話分析は，これまで明らかにすることのできなかった教室の知の創造の世界を指し示してくれる。

　　　　　　　　　　　　　　　　［益田裕充］

【引用文献】
① Sawyer,R.K.：The new science of learning,The Cambridge handbook of the learning sciences, 2006.
②藤江康彦：「授業研究と談話分析（改訂版）」, p.55, 日本放送出版協会, 2007.
③前掲書②, p.55.
④佐藤学：「教育方法学」, p.93, 岩波書店, 2009.
⑤ Mehan,H.：Learning Lesson,Harvard University Press,1979.
⑥文野峯子：「学習者の自発的発話が開始する発話連鎖の終了に関する質的研究－初級日本語クラスの一斉授業の場合－」, 世界の日本語教育, 15, p.61 2005.
⑦益田裕充・倉澤友梨・清水秀夫「IRF発話連鎖構造分析による理科授業のデザインベース研究－熟達した教師による「ものの重さと体積」の戦略的授業デザイン－」日本理科教育学会, 理科教育学研究, Vol.52, No.3, pp.131-142, 2012.
⑧茂呂茂二：「教室談話の構造」, 日本語学, 10（10）, pp.63-72, 明治書院, 1991.
⑨前掲書⑤
⑩前掲書⑥, p.73.

第2部　実践編

子どもが思考し表現する理科の授業づくりと指導の実際

1 第3学年の授業

A 物質・エネルギー 【磁石の性質】

❶ 単元の目標

磁石に付く物や磁石の働きを調べ，磁石の性質についての考えをもつことができるようにする。

- ㋐ 物には，磁石に引き付けられる物と引き付けられない物があること。また，磁石に引き付けられる物には，磁石に付けると磁石になるものがあること。
- ㋑ 磁石の異極は引き合い，同極は退け合うこと。

❷ 言語活動の充実と思考力・判断力・表現力の育成のポイント

本単元は，磁石の性質について，興味・関心を持って追究する活動を通して，磁石に付く物と付かない物を比較する能力を育てるとともに，それらについての理解を図り，磁石の性質についての見方や考え方をもつことができるようにすることがねらいである。

磁石は，日常生活の中でも様々な形で活用されている。そのような身近な磁石の性質を，児童の身の回りにある物を活用しながら明らかにしていくところに価値がある。

特に磁石に引き付けられる物と引き付けられない物を調べる際には，児童の自由な発想をできるだけ生かし，磁石の性質への興味・関心を喚起しながら，解決すべき問題を児童自身のものにしていくことが望まれる。教師から与えられた課題解決型の展開ではなく，児童が主体的に取り組めるような問題解決型の展開となるよう配慮したい。このことにより，児童にとって実感を伴った理解が得られることになる。

また，磁石どうしの性質を調べる際には，① 磁石には極があること，② 異なる極は引き付けあうが，同じ極は退けあうことを調べることにより，具体的事象から規則性を見出すことを通して，思考力を育成することができる。これらを磁石の性質を一般化することにより，児童は日常生活の中で使われている磁石について，より具体的に理解することができるようになる。

さらに，学習した内容をもとに，磁石を活用したおもちゃ作りなどをさせ，磁石の性質を活用させることにより，表現力を育成するとともに，磁石の性質に対する理解を定着させることが期待できる。

以上の学習活動の中で，意見や結果を他の児童にわかり易く発表したり，結果に対する考えを明確に記述したり，図や文字でわかり易く表現したりする場面で，言語活動を充実させ，思考力，判断力，表現力の育成へとつなげたい。

❸ 指導の計画

次	○学習活動　　　◆評価規準（科学的な思考・表現）
第1次 3時間	**問題：身の回りの物では，何が磁石に引き付けられるのだろうか？** ○身の回りの物で調べてみたい物をあげ，それぞれの物について予想する。 ○実験の計画をたて，調べてみたい物を用意し，実験で調べ分類する。 ◆磁石に引き付けられる物と引き付けられない物を調べ，比較，分類している。 **問題：磁石の引き付ける力は，離れていてもはたらくのだろうか？** ○磁石は隙間をあけても，隙間に物を挟んでも引き付けることを確認する。 ◆日常生活の経験をもとに，予想を立てている。
第2次 5時間	**問題：磁石の引き付ける力は，どの部分が強いのだろうか？** ○磁石の引き付ける力の強い部分を予想し仮説を立て実験により確認する。 ○実験を行い，磁石の力が強い部分を極と呼び極にはN極とS極があることを知る。 ◆磁石の引き付ける力の強い部分を予想し，分かりやすく説明している。 **問題：磁石と磁石を近付けるとどうなるのだろうか？** ○同極を近づけた場合，異極を近付けた場合について予想する。 ○実験により同極の場合は退け合うが，異極の場合は引き付けあうことを知る。 **問題：磁石が自由に動くようにしたら，どのように動くのだろうか？** ○磁石を水槽に浮かべたり，糸でつるしたりして，確認の実験を行う。 ○磁石は南北方向に向くことを確認し，北を向く方をN極，南を向く方をS極ということを知る。 **問題：身の回りの物で磁石になるものがあるだろうか？　またどうすれば磁石になるだろうか？** ○釘を磁石にする実験を行い。鉄が磁化されて磁石になることを確認する。 **問題：磁石を切ったらN極とS極に分けることができるのだろうか？** ○磁石を実際に切ってみて，切った磁石の性質がどうなるのか予想する。 ○N極とS極を分けることはできないことを確認する。 ◆磁石を切った時の極の様子を予想し，図を用いて説明している。
第3次 2時間	**課題：磁石や身の回りの物をつかって，おもちゃを作ってみよう。** ○磁石を使ったおもちゃの計画をたてる。 ○材料を用意して，おもちゃを作り，工夫したところなどを友達に紹介したり，遊んだりする。 ◆磁石の性質を利用して作ったおもちゃについて工夫したところに触れながら説明している。

❹ 授業づくりと指導の実際

● 第1次（第1・2時）の展開

◎子どもの活動　○予想される反応	■教師の指導　◆評価
【問題をつかむ】 ◎児童の日常生活の経験の中から，磁石が使われている場面を引き出し，磁石はどのような物を引き付けるのか調べてみることを問題とする。 問題：身の回りの物では，何が磁石に引き付けられるのだろうか？ ◎身の回りにある物の中で，調べてみたい物を最初は個人で考え，ある程度考えられたらグループでまとめる。 ○下敷き，クリップ，鉛筆，定規，机，紙，石鹸，ガラスのコップ，一円玉，十円玉，空き缶……。 【予想をたてる】 ◎教師が用意したワークシートに，調べてみたい物を記入し，磁石に引き付けられるかどうか予想をたてる。また，何でできているか，素材についてもわかるものは記入する。	■日常生活で磁石が使われている場面を想起させ，何に使われているかを発表させる。 ◆「冷蔵庫に張り付いている。」「筆箱についている」などの経験面から予想を立てている。 ■調べたい物が偏っている場合は，家庭にあるものまで意識させ，視点を広げる。また，磁石を近付けてはいけない物があることもここで触れておく。 ■ワークシートには，調べてみたい物が何でできているのかを記入できる欄を設けておくと，児童が考察する際に物質（素材）を意識させることができる。
【確かめる】 ◎磁石を使い，児童が用意した身の回りの物について，磁石に引き付けられるか，引き付けられないかを調べる。 ◎実験結果について発表し，結果の共有をする。 【結果をまとめる】 ◎磁石は鉄を引き付けるが，そのほかの金属（アルミ，銅）は引き付けないこと，またプラスチックや，紙，ガラスなども引き付けないことを一覧表にまとめる。 ○紙やプラスチックは磁石に引き付けられないよ。鉄は引き付けられるけどアルミは引き付けられないのだね。	■ステンレスは，鉄，クロム，ニッケル等の合金であるのが，成分の割合や加工方法で磁性を持つものとそうでないものがある。 ■実験結果をまとめるときには，はさみや，紙コップといった物品名ではなく，最後は物質名（素材）によるまとめとする。 ◆実験結果について磁石に引き付けられるものと引き付けられないものについて，素材で分類している。

指導のポイントと子どもが思考・表現するための工夫

【日常生活経験を踏まえて，予想をたてる】

紙コップやプラスチック定規は，磁石に引き付けられないよ。

金属でできている物は磁石に引き付けられるのではないかな？金属のふで箱は引き付けられたから。

一円硬貨や十円硬貨は磁石に引き付けられるのかな。

金属の中にも磁石に引き付けられる物とそうでない物があるのかな。早く確かめてみたいね。

○今までの日常生活経験から，予想をたてさせ，磁石に引き付けられる物と引き付けられない物を自由に分類させてみる。
○磁石を近付けてはいけない物（時計，パソコン，磁気記録媒体など）もあることを確認しておく。
○ワークシートに予想と結果を記入できる部分を作っておくとよい。また，素材についても記入できる部分があるとよい。

調べてみたい物の名前	何でできているか	予 想	結 果
定　規	プラスチック	×	
はさみ（金属の部分）	ステンレス	○	
クリップ	鉄	○	
紙コップ	紙	×	
ペットボトル	プラスチック	×	
１　円	アルミ	○	

【素材に焦点をあてて，磁石に引き付けられる物と引き付けられない物についての結果をまとめる】

○物の名前よりも，素材に視点をあてさせると，結果を分類しやすい。また，素材について押さえておくと，アルミで作られている物は磁石に引き付けられないというような知識の一般化ができるようになる。
○ＩＣＴ機器を活用して，児童のワークシートをそのまま提示して，児童自身に発表や説明をさせることもよい。
○物の名前をカード型にして，黒板上で張り付けながら分類してもよい。

● 第2次（第1時）の展開

◎子どもの活動　○予想される反応	■教師の指導　◆評価
【問題をつかむ】 ◎磁石の引き付ける力を調べる問題とする。 問題：磁石の引き付ける力は，どの部分が強いのだろうか？ 【予想し仮説をたてる】 ◎磁石の引き付ける力の強い部分を一人一人が予想し，それらを発表しあい，学級で仮説を立てる。 　　仮説A 　　仮説B 　　仮説C 【方法を考える】 ◎磁石が鉄を引き付ける力は，どの部分が強いのか確かめる方法を考える。 ○鉄を近付けてみて，手の感覚でたしかめる。 ○砂鉄などの小さな鉄をつけてみる。 ○小さな釘やクリップがいくつ付くか調べてみる。  【実験結果をまとめる】 ◎実験の結果をわかり易く図にまとめ，発表する。 ○磁石の両端の方がたくさん鉄を引き付けたよ。 ○端に近い方が，鉄を引き付ける力が強いね。 ○真ん中の方は，鉄を引き付けなかったよ。 【結果から考察する】 ◎実験の結果から，磁石の引き付ける力は，どこが強いのかを図に表す。 ○極の方に近づくに程，磁石の引き付ける力は強くなる。 【知識を一般化する】 ◎磁石の引き付ける力が強い部分を極といい，極にはN極とS極があることを知る。 ◎棒磁石の実験結果から，U字型磁石についても，考えてみる。	■磁石の引き付ける力が強いと思われるところを実際に色づけさせる。 ◆今までの経験や学習内容を踏まえて予想し，図を用いて表すことができている。 ■いろいろな方法が考えられるので，自由に発想させ，考えを交流させた上で，方法を選択させる。感覚的な方法よりも，見た目の量で判断できる方法が望ましい。また，ここでは，特に一つの方法に絞る必要もない。 ■鉄が引き付けられている位置や，数が大切なので，児童がそのような視点で記録できているか，配慮する。 ■引き付ける力が強いところを濃く，弱いところを薄く塗らせることにより，引き付ける力が両端から中心に向うに従い漸移する様子が表現できるようになる。 ◆磁石の極（N極，S極）について押さえるとともに，他の形状の磁石でも，両端のN極とS極が引き付ける力が強いことを予想できている。

指導のポイントと子どもが思考・表現するための工夫

【図を使って子どもの予想をイメージ化させる】

○予想をたてる際に，図を使って表すことができるようにする。

　図に表すことにより，予想のイメージがより具体的になり，調べてみたい内容が明確になってくる。異なる予想に対しては，発表させて全体で共有することも一つの方法である。
　予想は実験方法をより具体化するための大切は過程であり，理科の授業では大変重要である。正解，不正解といった単純な意識にならないよう，普段からの指導を大切にする。
　また，予想の根拠も言わせたい。たとえば予想した一人一人の図を，分類させながら黒板にはらせ，児童の考えを発表させながら，何通りかの仮説に絞り込んでいく。

児童：「今までの実験で，両端が強く引き付けたよ。」
児童：「いや，一本の棒だからどこでも同じように引き付けるのではないかな。」
児童：「両端だけでなく，真ん中に近くても少し引き付けたよ。」
教師：「それでは両端強い説（仮説A），全部くっつく説（仮説B），両端だんだん強くなる説（仮説C）として，確かめてみよう。」

などの展開が考えられる。

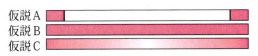

【感覚的な方法よりも見た目で結果を見とれる方法を考えさせる】

○感覚的な要素も大切ではあるが，より具体的に結果をみとれる方が客観的である。

　磁石が鉄を引き付ける様子を観察するために，小さな釘やクリップ等を使うなど，引き付けられる様子が見た目で分かるような方法を考えると良い。
　児童から考えが出てこなければ，教師から量を意識させるヒントを与えてもよい。
　磁石に鉄が引き付けられた状態を確認することにより，磁石の引き付ける力の様子を量的にみとることができる。前次で釘やクリップなども扱っておくと児童から引き出しやすい。

【実験から得られた知識を他のものにも応用して考えさせ一般化を図る】

○磁石には極があることや，引き付ける力の分布の様子がわかったら，U字型磁石やフェライト磁石などで，類推させてもよい。知識の一般化につながる。

A 物質・エネルギー 【物と重さ】

❶ 単元の目標

　物と重さについて興味・関心をもって追究する活動を通して，物の形や体積，重さなどの性質の違いを比較する能力を育てるとともに，それらの関係の理解を図り，物の性質についての見方や考え方をもつことができるようにする。

　㋐　物は，形が変わっても重さは変わらないこと。
　㋑　物は，体積が同じでも重さは違うことがあること。

❷ 言語活動の充実と思考力・判断力・表現力の育成のポイント

　本単元は，「物の形と重さの関係」について学習する。

　第1次の導入では，体重計にポーズを変えて乗ると，体重は変わるのか？という問いかけから学習を行う。どの子も経験をしたことがある「体重をはかったこと」を学習活動につなげていく。

　そこで，「物は形を変えても重さは変わらないのだろうか？」という学習問題を設定する。この問題解決における思考力・判断力・表現力を育成するポイントは，予想する場面での「今までの経験を生かして予想し，自分の考えを発表したり，話し合ったりすること」，実験結果を考察する場面での「対象物の結果を比較し，その違いや共通点から，自分の考えをもち，図や文章で表現すること」である。

　実験に当たっては，粘土，アルミニウム箔，紙など身近にある対象物を何種類か用意する。その対象物の形を変えて重さをはかる。この実験は，何度も繰り返して行うことができる（紙など破かなければ）ので，繰り返し行わせ，対象物同士の結果を比較することで，思考を深めることができる。また，発達段階を考え，キーワードなどを与えると，まとめるときのヒントになる。

　第2次では，物を手に持って重さを比べる活動から，素材についての重さについて目を向けさせる。そこで「物は体積が同じだと，重さはどうなるのだろう」という学習問題を設定する。この学習における思考力・判断力・表現力を育てるポイントは，「実験結果を比較して違いを考え，図や文章で表現すること」である。実験にあたっては，何種類かの同じ体積で材質の異なるものを用意する。

① 第3学年の理科授業　59

❸ 指導の計画（全6時間）

次	○学習活動　　◆評価規準（科学的な思考・表現）
第1次 3時間	○いろいろなポーズで体重をはかると体重は変わるのか，考えを出し合い話し合う。 体重計に立っている　　片足立ち　　しゃがむ **問題：ものは形を変えても重さは変わらないのだろうか。** ○電子てんびんの使い方を知る。 ○予想を立て，考えを発表し，話し合いをする。 ○実験方法を確認する。 ○粘土の形を変えて重さをはかり，重さが変わるかどうか調べる。 ○粘土以外のものでも形を変えて重さをはかり，重さが変わるかどうか調べる。 ○実験の結果を記録し，整理する。 ○結果を考察し，ものは形が変わってもその重さは変わらないことを見いだす。 ◆形を変えたときの物の重さを比較して，その違いを考え，自分の考えを図や文章で表現している。 ○実際に体重計を使って自分のポーズを変えて体重をはかり，実験をして分かったことを確認する。
第2次 3時間	○材質がちがう物（積み木，ペットボトル，銅板，パチンコ玉）を手に持って重さを比べ重い順に並べる。分かりづらいときは，電子てんびんを使う。 ○物の重さの順序が，材質の重さの順序と考えて良いのか話し合う。 ○同じ体積にしないと，重さを比べることができないことに気付く。 **問題：材質の種類がちがう物では，重さがちがうのだろうか。** ○同じ体積で材質が違う「物の重さ実験素材」を使って，実験を行う。 ○身の回りにある物を同じ体積にして，重さをはかってみる。 ○実験結果をまとめる。 ○実験結果を考察し，体積が同じでも物がちがうと重さがちがうことがあることを見いだす。 ◆同じ体積で種類の異なる物の重さを比較し，その違いを考えて，自分の考えを図や文章で表現している。 ○単元の学習内容をふりかえる。

❹ 授業づくりと指導の実際

● 第1次（第1・2時）の展開

◎子どもの活動　　○予想される反応	■教師の指導　　◆評　価
【問題をつかむ】 ◎教師の演示を見て，自分なりの考えをもつ。 ○どれも重さが変わらない。 ○片足だと少し軽くなる。 ○しゃがんで小さくなると，少し重い。 ○やってみたい。 問題：ものは形を変えても重さは変わらないのだろうか。 【追究する】 ◎粘土を使って調べてみる。 ◎予想を立て，発表して話し合う。 ○変わらないと思う。 ○かたまりだと重いけれど，広げたり，ちぎったりすると少し軽くなる。 ◎粘土の形を変えて重さをはかり，結果を記入する。 ○どんな形にしても，重さが変わらない。 ◎粘土以外のものについても調べてみる。 （アルミニウム箔，紙） ◎予想を立てる。 ○粘土の時は変わらなかったので，アルミニウム箔や紙でも変わらないのではないか。 ○アルミニウム箔は丸めるとかたくなるので，重くなると思う。 ◎形を変えて重さをはかり，結果を記入する。 ○アルミニウム箔も紙も，形を変えても重さは変わらなかった。 ◎実験結果から考察し，発表する。 ○物は形を変えても，重さは変わらない。	■体重計に教師がポーズを変えてのり，体重をはかる様子を見せる。（目盛りは見えないようにしておく） ■電子てんびんの使い方を確認するとともに，ものをばらばらにしたときは，必ず全てをのせることを確認する。 ■何度か繰り返し実験し，記録をとるようにさせる。 ■アルミニウム箔や紙は，破いてしまうと元に戻せないので，破いてはかるのは最後にするようにさせる。 ■各グループの実験結果を聞き，整理する。 ◆形を変えたときの物の重さを比較して，その違いを考え，自分の考えを図や文章で表現している。 ■まとめをする。次の時間，ポーズを変え体重をはかってみることを伝える。

指導のポイントと子どもが思考・表現するための工夫

【事象の提示から，子どもが考えたこと，不思議に思ったことなどを出し合い，学習問題をつくっていく活動の設定】

○子どもたちは，体重をはかった経験はある。しかし，片足で立ったり，座ったりして体重をはかった経験は少ない。そこで教師が，目盛りは見えないようにしてポーズを変えて体重計にのる。

　子どもたちの中には，片足だと少し軽くなる，しゃがみこむと重くなるといった考えをもっている子もいる。ここで体重はどうなっているか，子どもたちの考えを出し合い，「物は形を変えても重さは変わらないのだろうか」という学習問題へとつなげていく。

　ポイントは，子どもたちに，「どうなっているかな？」「試してみたい。」という思いをもたせることである。そのために教師が，「重さが変わる。」「重さは変わらない。」のどちらの考えも認め，「片足が浮いているから軽くなる？」「重さが変わってしまっていいのかな？」など，子どもたちの考えを揺さぶるような言葉がけをしていくことである。

　事象提示の時の教師の演技力も重要なポイントになってくる。

【実験結果を整理して比較し，考察したことを発表し合う活動の設定】

○ここでの活動のポイントは，粘土だけでなく違った素材で行った実験の結果にも目を向けさせて比較し，共通点や相違点に目を向けさせて考察させることである。
　この際の教師の働きかけとして，次の3点が重要である。
　① 学習問題を意識させる
　　（学習問題に立ち返らせ何を追究することだったかを確認させる）
　② 実験結果をもう一度見直させる
　③ 自分の予想と比べて実験結果がどうであったか考えさせる

　何のためにこの実験を行ったのかを確認し，学習問題の答えとなることがこの実験を通してどう分かったのかが考察となってくる。
　実験結果を比較し，共通点や相違点はどんなことだったかを考えさせる。
　子どもは，粘土だけではなく，他の物でも調べたことで，粘土から一般的な「物」として考えられるようになってくる。「粘土の実験の結果は，○○だった。紙の時は○○だった。アルミニウム箔の時は○○だった。このような結果から，○○ということが言える。」といったように，実験結果をふまえた考察を述べることができるようにすることで，相手に分かりやすく伝えることができるということを学んでいく。
　子どもたちが，お互いに考察したことを発表し合うことで，思考を深め，同時に考察のまとめ方，表現の仕方を学ぶことができる。教師が，言葉を補ったり，良い所を誉めたりしていくことも重要になる。

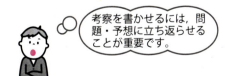

考察を書かせるには，問題・予想に立ち返らせることが重要です。

●第2次(第1,2時)の展開

◎子どもの活動　○予想される反応	■教師の指導　◆評　価
【問題をつかむ】 　◎材質や大きさがちがう物を手に持って比べ，重い順に並べる。(積み木,ペットボトル,銅板,パチンコ玉) 　○鉄は小さいけれど重く感じる。 　○木は大きいから一番重い。 　○大きさがちがうから比べられない。 　◎どうすれば比べられるか考える。 問題：材質の種類のちがう物では，重さがちがうのだろうか。 【追究する】 　◎予想をたてる。 　○小さくても鉄は重いと感じたから，物によって重さはちがう。 　○体積が同じなんだから，重さも同じになる。 　◎実験1：同じ体積で重さがちがう「物の重さ実験素材」を使って，実験を行う。 　○手に持っただけで，重さのちがいが分かる。 　○やっぱり鉄は重い。木は結構軽い。 　◎結果を記録する。 　◎実験2：砂糖，塩，小麦粉をフィルムケースにつめ，重さをはかる。 　○塩と砂糖は似ているから重さは変わらない。 　○前の実験で同じ体積でも重さがちがったから，きっと今回もちがう。 【結果を整理する】 　◎実験1と実験2の結果をまとめ発表する。 【考察し結論を導く】 　◎2つの実験結果を比較し，考察する。 　○同じ体積でも，物によって重さがちがった。	■材質がちがうことに，気付かせる。 ■重さの順が，材質の重い順と言っていいのか考えさせる。 ■どのようにすれば比べられるか考えさせる。 ■同じ体積にして重さをはかる必要があることを確認する。 ■予想した理由も書けるように，自分の今までの経験などを思い起こさせる。 ■電子てんびんではかり，重さを記入させる。 ■同じ大きさの容器に物をつめると同じ体積になることをおさえる。 (例) 記録用紙 | はかった物 | しお | さとう | 小麦こ | |---|---|---|---| | 重さ(g) | | | | ◆同じ体積で種類の異なる物の重さを比較し，その違いを考えて，自分の考えを図や文章で表現している。

指導のポイントと子どもが思考・表現するための工夫

【材質がちがう物の重さを比べる方法を考えるため,話し合いをする活動の設定】

○ここでのポイントは,物の大きさと材質の違いに気付かせることにある。

まず,子どもに材質の違いを感じとらせるため,手に持って比較する活動を取り入れる。同時に,持っただけでは重さの違いが分からないようなときは,電子てんびんなどを使い数値化することの必要性にも気付かせる。

教師の「物の重さの順番が,材質の重さの順番と言っていいかな。」という問いかけから,それぞれの材質を確認し,材質に目を向けさせる。

「材質も大きさも違う」などという声がでるようにさせるために,提示した物から2つの物を選び比べさせるなどの支援も必要になる。大きさが違うということをおさえ,ではどうしたら比べられるかを意見を出し合いながら考えていく。

そして,同じ体積にして考える必要があるという考えを引き出していく。

【体積をはかりにくい,身近な物の重さを比べる活動の設定】

○実験で扱うものとして,実験素材だけではなく,塩や砂糖といった身近なものを使って実験を行う。

体積がはかりにくいものでも,同じ入れ物に同じように入れれば,体積を同じにできること,塩や砂糖のように似た状態のものでも重さに違いがあることをつかませたい。

ここでの活動のポイントは,結果を数値化し整理してまとめることである。まず手に持って重さを確認し,電子てんびんを使って数値化して重さを表すことで,物によって重さが違うことをとらえさせる。

また,結果は表などにまとめると,分かりやすく比較しやすいことを実感させる。

【理由を明確にした考察ができるように,結果の確認をする活動の設定】

○ここでのポイントは,結果を共有化し考察へとつなげていくことである。

結果を共有化することにより,同じ土台に立って考察することができる。学習問題をふりかえり,何のために実験をしたかを確認して考察へとつなげる。

「一つ目の実験の結果は○○だった。二つ目の実験の結果は○○だった。このような結果から,○○ということが言える。」というようにまとめさせる。

また,学習の中で出てきた言葉「同じ体積,材質の違い,重さ」などをキーワードとしてあげる。この言葉を使ってまとめていくと,他の友達にも伝わりやすいことを発表を通して実感させる。

B 生命・地球 【昆虫と植物】

❶ 単元の目標

　身近な昆虫について興味・関心をもって追究する活動を通して，昆虫の成長過程と体のつくりを比較する能力を育てるとともに，それらについての理解を図り，生物を愛護する態度を育て，昆虫や植物の成長のきまりや体のつくりについての見方や考え方をもつことができる。

❷ 言語活動の充実と思考力・判断力・表現力の育成ポイント

　本単元では，活動のきっかけとして，花に来ているモンシロチョウとキャベツ畑に来ているモンシロチョウを観察し，その行動の違いについて考えさせ，実際に野外で観察しようとする意欲を高める。そして，キャベツが栽培されているところで，モンシロチョウの幼虫や卵を探す活動を通して，「幼虫は，どのように育ってモンシロチョウになるのだろうか。」という問題を設定した。ここでの言語活動の充実は，キャベツ畑の観察で見つけた様々な成長段階の幼虫を基に，卵から出た幼虫がどのように育つのかについて話し合い，児童が，「自分の考えを明らかにすること」である。

　児童はこれまでの飼育経験や既習内容から自分の考えをもっている。これは，「予想・仮説を立てさせるためのポイント」でもある。さらに，幼虫の成長についての気付きや他者との考えの違いを明らかにすることで，卵や幼虫から成虫になるまでに継続的に飼育し，成長の順序を観察するときの意欲を高めるとともに見通しをもった観察・実験のポイントになるのである。

　また，他者と比較するためには，スケッチ等によって記録しなければならないという活動の必然性も生じてくる。次の学習問題として，「他の昆虫の育ち方や体のつくりはモンシロチョウと同じなのかどうか。」を設定した。この問題解決における思考力・判断力・表現力を育成するポイントは，モンシロチョウの観察結果と比較しながら調べ，「結果を整理すること」である。まず，前次で学習したモンシロチョウの育ちの順序を言葉やスケッチ等を用いてまとめる。そして，バッタやヤゴなど他の昆虫の幼虫から成虫になるめでの観察結果を言葉やスケッチ等で記録する。そして，これらの結果を比較することで，育ち方の過程が異なる昆虫がいることに気付かせる。多くの昆虫を飼育することが難しい場合は，卵から成虫になるまでの過程をモンシロチョウの記録と同じように表した資料を提示すればよい。このように，モンシロチョウを観察したことを基に比較し，昆虫の育ち方や体のつくりについての共通点や差異点についてまとめることによって，思考力・判断力・観察力を育成することができる。

❸ 指導の計画

次	○学習活動　　◆評価規準（科学的な思考・表現）
第1次　5時間	○花に来ているモンシロチョウとキャベツの葉に来ているモンシロチョウの違いについて話し合い，キャベツが栽培されているところでモンシロチョウの卵や幼虫を探す。 **問題：幼虫は，どのように育ってモンシロチョウになるのだろうか。** ○幼虫がどのように育つのかについて話し合い，予想を立てる。 ○モンシロチョウの卵や幼虫を探して飼育し，成長の順序を継続して調べる。 ○調べた結果を基に，わかったことを話し合う。 ○モンシロチョウの育ち方には，卵➡幼虫➡さなぎ➡成虫といった一定の順序があるという見方や考え方をもつ。 ◆思考・表現 　飼育経験から幼虫が，どのように育つかについて予想を立て表現している。
第2次　2時間	○トンボやバッタの幼虫を探し，見つけたものについて話し合う。 **問題：トンボやバッタの幼虫は，モンシロチョウと同じように育つのだろうか。** ○トンボやバッタ（変態の仕方の違う昆虫）の幼虫の育ち方について予想を立てる。 ○トンボやバッタの幼虫の成長の様子について継続して調べる。 ○調べた結果を基に，育ち方についてわかったことを話し合う。 ○昆虫には，さなぎの時期を経ないで成虫になるものもあるという見方や考え方をもつ。 ◆思考・表現 　トンボやバッタの成長の仕方をモンシロチョウの成長の仕方と比較し，考え表現している。
第3次　2時間	○トンボやバッタの体のつくりは，モンシロチョウと似ているかどうかについて話し合う。 **問題：トンボやバッタの体のつくりは，モンシロチョウと同じだろうか。** ○バッタやトンボなどの体のつくりについて予想を立て，昆虫の体のつくりを複数比較して体のつくりを調べる。 ○調べた結果を基に，わかったことを話し合う。 ○昆虫の体は，頭・胸・腹からできているという見方や考え方をもつ。 ◆思考・表現 　トンボやバッタの体のつくりをモンシロチョウの体のつくりと比較し，考え表現している。

❹ 授業づくりと指導の実際

●第1次（第1・2時）の展開

◎子どもの活動　　○予想される反応	■教師の指導　　◆評　価
【問題をつかむ】 ◎花に来ているモンシロチョウとキャベツの葉に来ているモンシロチョウの違いについて話し合う。 ◎キャベツが栽培されているところでモンシロチョウの卵や幼虫を探す。 問題：幼虫は，どのように育ってモンシロチョウになるのだろうか。 【追究する】 ◎幼虫がどのように育つのかについて予想を立て，話し合う。 ◎モンシロチョウの卵や幼虫を探して飼育し，成長の順序を継続して観察し調べる。 【結果を整理する】 ◎調べた結果を基に，わかったことを話し合い，育ち方についてまとめる。 【考察し結論を導く】 ◎結果を考察し，モンシロチョウの育ち方には，卵➡幼虫➡さなぎ➡成虫といった一定の順序があるという見方や考え方をもつ。 ○子どもの反応 　モンシロチョウは，卵➡幼虫➡さなぎ➡成虫の順で育つ。	■花に来ているモンシロチョウは蜜を吸っているが，花の咲いていないキャベツに，なぜ集まってくるのかという疑問を取り上げ，実際にキャベツが栽培されているところで調べてみたいという意欲を高める。 ■卵や幼虫から成虫になるまで継続的に飼育し，成長の順序を観察するため，モンシロチョウの幼虫の成長についての気付きや疑問を出し合い，飼育や観察への意欲を高める。 ◆思考・表現 これまでの飼育経験などから，卵から出た幼虫がどのように育つかを予想し表現している。

指導のポイントと子どもが思考・表現するための工夫

【モンシロチョウを観察する活動の設定】

○本単元を展開するにあたり，導入において，キャベツを栽培しているところで，モンシロチョウを観察させる活動を設定した。児童は，生活科などの体験からモンシロチョウが花の蜜を吸っていることを知っている。しかし，キャベツの栽培しているところにモンシロチョウが来ていることについては，分からない児童が多い。

そこで，「モンシロチョウは，何をしにきているのだろうか。」という発問をすることで，実際に調べてみたいという意欲を高める。そして，実際に，モンシロチョウがキャベツに卵を産み付けているところを観察させる。そこで，モンシロチョウの卵や幼虫と出会わせることで，「卵から出た幼虫は，どのように育つのだろうか。」という問題をもつのである。

【既習の内容や体験に基づいて，自分の考えを表出する活動の設定】

○ここでは，卵から出た幼虫がどのように育つのかを自分の考えを明らかにすることが重要になる。児童の多くは，モンシロチョウを知っていても，どのように育つのかについては，様々な考えをもっている。そこで，これまでの既習内容やキャベツが栽培されているところで観察したことを基にして，自分の考えを明らかにさせる。その際に，写真やカードなどを提示することで，どの児童も自分の考え方を表しやすくする。また，育ち方を幼虫や蛹，成虫といった形態的な変化だけでなく，幼虫の大きさが変わることなどの児童の意見を取り上げる。それを基にして，スケッチをして記録する必要性や観察するポイント（色や大きさ）を全体で確認することが重要である

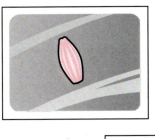

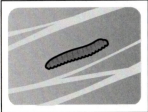

●第2次（第1，2時）の展開

◎子どもの活動　　○予想される反応	■教師の指導　　◆評　価
【問題をつかむ】 　◎トンボやバッタの幼虫を探し，見つけたものについて話し合う。 問題：トンボやバッタの幼虫は，モンシロチョウと同じように育つのだろうか。 　◎トンボやバッタの幼虫の育ち方について予想や仮説を立てる。 【追究する】 　◎トンボやバッタの幼虫の成長の様子について継続して観察して，調べる。 【結果を整理する】 　◎観察し調べた結果を基に，育ち方についてわかったことを話し合う。 　◎育ち方についてまとめる。 【考察し結論を導く】 　◎昆虫には，さなぎの時期を経ないで成虫になるものもいるという見方や考え方をもつ。 　○子どもの反応 　　トンボやバッタのように昆虫には，さなぎの時期をもたないで成虫になるものがいる。	■トンボやバッタの幼虫は，児童がもっている幼虫のイメージとは違うと考えられる。トンボの幼虫は「ヤゴ」であることやバッタの幼虫には羽がないことなどを伝えるようにする。 ◆思考・表現 これまでの飼育経験を基に，成長するとどんな昆虫になるのかを考えている。 ■トンボやバッタは，卵から成長の様子を継続観察することは難しい。そこで，卵については，図鑑や映像資料などを用いて提示する。 ◆思考・表現 トンボやバッタの成長の仕方をモンシロチョウの成長の仕方と比較し，考え表現している。

指導のポイントと子どもが思考・表現するための工夫

【モンシロチョウの育ち方を基にした昆虫の育ち方を予想する活動の設定】

○本次を展開するにあたり，児童が他の昆虫の育ち方に興味をもつように，身近な昆虫の幼虫を提示し観察する活動を設定した。モンシロチョウの飼育経験を経ると，多く児童が昆虫を飼育することに意欲的になる。しかし，単に飼育するのではなく，児童がもっている幼虫のイメージとは異なるトンボやバッタなどの幼虫を提示することで，児童に「他の幼虫の育ち方も調べてみたい」という問題をもたせる。

【モンシロチョウの育ち方を基にした昆虫の育ち方を予想する活動の設定】

○ここでは，前時に学習したモンシロチョウの育ち方を基にし，他の昆虫の育ち方を比べながら調べていくことが重要である。トンボやバッタがモンシロチョウと同じように卵➡幼虫➡さなぎ➡成虫という順で育つのかを話し合い，自分の予想をもつことが大切である。

児童が自分の予想をもつには，考えるための情報が必要である。ここでは，まず，飼育経験や観察からヤゴがトンボになることなどを想起させることが考えられる。また，ヤゴやバッタがそれぞれ幼虫であることを伝え，成虫と比較することで予想がしやすくなる。

この時期では，成虫を提示することは難しいので，写真やイラストを提示することが必要である。また，モンシロチョウの育ち方の順序や大きさや形の変化など，観察で気付いたことが，他の昆虫の育ち方のヒントになるように，記録したカードや学級でまとめた結論を提示しておいたり，児童が振り返ることができるようにしたりする手だてが必要である。こうすることによって，児童は，様々な情報から自分なりの予想をもつことができるようになるのである。

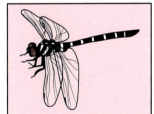
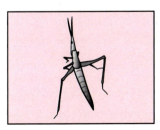

B 生命・地球 【太陽と地面の様子】

❶ 単元の目標

　日陰の位置の変化や，日なたと日陰の地面の様子を調べ，太陽と地面の様子との関係についての考えをもつことができるようにする。

- ㋐ 日陰は太陽の光を遮るとでき，日陰の位置は太陽の動きによって変わること。
- ㋑ 地面は太陽によって暖められ，日なたと日陰では地面の暖かさや湿り気に違いがあること。

❷ 言語活動の充実と思考力・判断力・表現力の育成のポイント

　本単元の第1次では，影踏み遊びなどの経験をもとに，影のでき方と特徴，特に太陽との関係について調べる。第2次では，影を継続的に観察することで，太陽が東の空から南，西の空へと動いていくことをとらえさせる。まず，時間とともに影が少しずつ動くことに気づかせ，「太陽はどのように動くのだろうか」という第2次の問題を設定する。そして，影の動きを記録すれば太陽の動きがわかるのではないかという見通しのもと追究活動を促していく。問題解決における思考力・判断力・表現力を育成するポイントは，考察の局面においての「概念や法則を解釈し，説明しあったり活用したりすること」である。まず，棒の影の位置を継続的に観測した結果から，その動きの特徴をとらえさせる。次に，懐中電灯の光を太陽に見立て，影の記録と重ね合わせながら，太陽の動きを説明させる。太陽と影の関係を連続的に変化させることで，太陽の動きを再現し，その規則性をにつかむことができるようにする。このように，子どもがモデルを活用しながら太陽の動きを影の動きと関連付けて検証し，説明する学習活動により，思考力・判断力・表現力を育成することができる。

　第3次では，日なたと日陰の地面の様子を比べることで，地面は太陽によって温められ，暖かさや湿り気が違うことをとらえさせる。ここでは，影踏み遊びをしたときの日なたと日陰の体感温度の違いを想起させ，「日なたと日陰の地面は暖かさや湿り気は違うのだろうか」という第3次の問題を設定する。考察の局面においてポイントとなるのが「情報を分析・評価し，論述すること」である。温度計で測定した地面の温度を表したグラフから，日なたと日陰の温度の変化の違いを読み取る。その際に，「日光」「日なた」「日陰」「湿り気」「地面の温度」などの言葉を適切に用いることで，結論を正確に記述できることに気付かせる。このように，表やグラフで表した観測結果を分析・評価を促す学習活動を取り入れることによって思考力，判断力，表現力を育成することができる。

❸ 指導の計画（全10時間）

次	○学習活動　　◆評価規準（科学的な思考・表現）
第1次 2時間	○影はどこにできていたか，天気のよいとき影踏み遊びをしたときの経験などをもとに話し合い学習問題をつかむ。 **問題：かげはどんなところにできるのだろうか。** ○影のできかたについて考え，できる場所について自分なりの予想や仮説をもつ。 ○建物や人によってできる影がどこにできるか調べる。 ○影と太陽の関係について分かったことや考えたことを，話し合ってまとめる。
第2次 4時間	○地面にうつるフェンスやポールの影の形を写し取っていると，活動の間にも影がどんどん動いていくことについて話し合う。 ○いつも影は太陽の反対にできること，影が動いていることから，太陽は動いているのだろうという見通しをもつ。  **問題：太陽はどのように動くのだろうか。** ○一日の太陽の動き方について予想や仮説をもつ。 ○影の動きを使って，太陽の動きを調べる計画を立て，観察し，記録する。 ○グループごとに一人ひとりの観察結果を基に分かったことや考えたことを，話し合う。 ○観測装置（記録用紙）と懐中電灯（光源）を使い，太陽の動き方を再現してみる。 ○影の位置の変化をもとに，一日の太陽の動き方について話し合う。 ○太陽は東の方から，南の空を通って西の方へ動くことを確認する。 ◆思考・表現 　日陰の位置の変化と太陽の動きを関係づけて考え，表現している。
第3次 3時間	○影踏み遊びをしたときの日なたと日陰の体感温度の違いから，日陰と日なたの地面の暖かさや湿り気について話し合う。 **問題：日なたと日かげの地面では暖かさや湿り気は違うだろうか。** ○日なたと日かげの温度や湿り気の違いについて，太陽の光の性質などをもとに予想や仮説をもつ。 ○日なたと日かげの地面の，暖かさや湿り気について体感や温度計で調べる。 ○調べた結果を表やグラフに表す。 ○日なたの地面の温度は日かげの地面の温度より高いことを見いだす。 　（地面が太陽の光で暖められるため） ○日かげの地面は日なたの地面よりしめりけがあることを見いだす。 ◆思考・表現 　日なたと日陰の地面の温度を比較して，その温度の違いについて考え，表現している。

測定方法

午前9時と正午の日なたと日陰の地面の温度（測定場所）のグラフ

❹ 授業づくりと指導の実際

● 第2次の展開

◎子どもの活動　○予想される反応	■教師の指導　◆評価
【問題をつかむ】 ◎少しの時間にも影がどんどん動いていくことについて話し合う。 ○いつも影は太陽の反対にできるんだよね。 ○影が動いていることは，太陽が動いているのかな…。 ○太陽が動くから，影が動いているといえるのではないか。 問題：太陽はどのように動くのだろうか。 【追究する】 ◎問題「太陽はどのように動くのだろうか」について，学習経験や生活経験を基に予想し，調べる計画を立てる。 ○影の動きを調べれば，太陽の動きを調べることができそうだ。 ◎空き箱に鉛筆を立てた観測装置を使って調べる方法を考える。 ○影の位置を記録すれば，太陽の動き方がわかるよ。 ◎生活体験などから太陽はどのように動くのか話し合い，予想を立てる。 ○登校しているとき，太陽は東の方にあるな。 ○夕方の太陽は，西の方にあるよ。 ◎観測装置を屋上などに設置し，空き箱に鉛筆の影の位置を記録する。 【結果を整理する】 ◎鉛筆の影が時間の経過とともにどう動いたか確認する。 ○影は最初西にできて，北側を通って最後は東にあった。 ○太陽は，影の反対側にあるから…。 ○太陽は，朝は東にあって，昼は南にあって，夕方は西にある。 【考察し結論を導く】 ◎暗くした教室で影の位置が記録された観測装置に懐中電灯の光を当て，影を作りながら太陽の動き方について説明する。 ○影の形と重なるように気をつけながら，ゆっくり懐中電灯を動かしてみるよ。 ○1時間ごとの記録しかないけれど，たぶんなめらかに太陽は動いているよ。 ○友達の観測結果も，だいたい自分の結果と似ているよ。 ◎結果を考察する。 ○影の動きから，太陽は，東の空から南を通って西の空に動くことがわかったよ。	■晴れの日の屋上のフェンスやポールの影の形をチョークで写し取る活動を設定する。 ■直接太陽の動きを見て調べることは危険である。どうしたら太陽の動き方を観測できるか考えさせる。 ■影の位置を記録するときに必ず太陽の位置を遮光板を使って確認するよう助言する。 ◆日陰の位置の変化と太陽の動きを関係づけて考え，表現している。 ■記録をもとに影ができた大まかな方位とその時刻をグループごとに確認させる。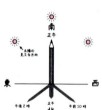 ■懐中電灯の光を利用して観測装置を使い太陽の動き方について互いに説明させる。 教室を空に見立てて，太陽の絵を動かしながら，動きについてまとめてみよう。

指導のポイントと子どもが思考・表現するための工夫

【常に太陽の位置を意識させた影の位置の観察の設定】

○本単元は，太陽の動きを間接的に影の動きをもとに調べていく学習を展開する必要がある。しかし，影の動きを用いて間接的に太陽の動きを理解することは3年生にとって非常に高度な思考である。しかも，影の動きは太陽の動きと点対称の関係であるため混乱する子どもが多い。ともすると影の動きだけに気が向いてしまいがちだが，様々な場面で教師は影の反対側に常に太陽があると意識させる必要がある。

「太陽の位置は影の反対だから……」と，子どもが影と太陽を対で言語化できるように，影の位置を観測するときにも，遮光板を用い，かならず太陽の位置を確認するという活動を設定した。

「時間がたてば影と同じように太陽も位置が変わった」ことをしっかり確認させ，自分の文脈で説明できるようにしたい。ここでのポイントは，教師が子どもに「影が東にあるということは，太陽はどこにあるといえそうかな？」「影が北に動いたということは？」と働きかけ，常に太陽と影を表裏一体のものとしてとらえさせていくことである。そして，言語化を繰り返し，子どもたちに二つの関係性をしっかり把握させていくことが重要である。

【影の動きの観測結果を解釈・活用して，太陽の動きを説明する活動の設定】

○ここでは，二次元に投影された「鉛筆の影の位置の変化」という観測結果から「太陽の位置」という三次元的な空間把握を促していく必要がある。そこで，手軽に移動可能であり自分自身の観測データを記録できる観測装置を使用する。

自分と友達の観測結果を比較させ，影の向きの共通性を読みとらせることで，子どもは，影は全部西の方から北を通って東の方へ動いていることに気づく。次に教室を少し暗くし，懐中電灯を太陽の代わりにして人為的に影を作り，影の記録と重ね合わせることで，見かけ上の太陽の位置を再現することができることに気付かせる。

このことによって，子どもたちは自分の手で見かけの太陽の位置を再現させ，これを連続的に移動させることで太陽の動きについての説明活動を展開することができる。

つまり，一時間ごとの太陽の動きを懐中電灯をスムーズに動かすことでつなぎ合わせ，三次元的な太陽の動きを友達に説明することが可能になる。太陽とその影が連続的に変化し視覚に訴えるため，多くの子どもが影の位置と太陽の動きを関係付け，その規則性を説明できるようになる。

グループで懐中電灯を使って太陽の動きを説明しあっているところ。

この活動を行う際は，教師は「方位」(東西南北)，「太陽の動き」，「影の位置」という言葉とその意味を確認し，説明に活用するよう促す。こうすることで，子どもはその意味を共通理解した言語を活用し，そうすることで自分の考えを相手に正確に伝えることができるというよさを感得していくのである。

●第3次の展開

◎子どもの活動　　○予想される反応	■教師の指導　　◆評　価
【問題をつかむ】 ◎日陰と日なたの地面の暖かさや湿り気について話し合う。 ○日陰はひんやりしていた。 ○日なたのプールサイドの地面は熱いよ。 問題：日なたと日かげの地面では暖かさや湿り気はどう違うだろうか。 ○日なたと日かげの温度や湿り気の違いについて，太陽の光の性質などをもとに予想や仮説をもつ。 【追究する】 ◎日なたと日陰のそれぞれの地面の温度がどのような関係があるのかを話し合い，予想を立てる。 ◎日なたと日かげの地面の，暖かさや湿り気について体感や温度計で調べる。 ○温度計はどのように使うのかな。 ○時間がたつにつれて影が動くことも考えて観測場所を決めよう。 【結果を整理する】 ○湿り気の様子は表に表そう。 ○温度の変化をわかりやすく表せないかな。 ◎調べた結果を表やグラフに表す。 ○一目で変化がわかるように表そう。 　　日なたと日かげの地面の温度 　　　　　　日なた　　日かげ 　午前9時　17℃　　13℃ 　正午　　　24℃　　14℃ 【考察し結論を導く】 ◎友達の表やグラフと互いに見比べるなどしながら温度変化の傾向を話し合う。 ◎結果を考察する。	■影踏み遊びをしたときに日陰で休んでいた人がいたことを想起させる。 ■地面の温度はどのくらい変化しているのだろうと問いかけ，数値化のよさに気づかせる。 ■離れた場所の温度や温度の変化の様子を観測したいときにはどうしたらよいか考えさせる。 ■温度計とその使い方について指導する。 ■グラフの記入の方法について指導する。 ◆日なたと日陰の地面の温度を比較して，その温度の違いについて考え，表現している。 ■影踏み遊びの経験をもとに，太陽の光が当たると暑いという発言から温度と日光の関係に気づくようにする。 　日なたと日かげの地面のちがい 　　　　　日なた　　日かげ 　明るさ　明るい　　暗い 　あたたかさ　あたたかい　つめたい 　しめりぐあい　かわいている　しめっている ■「日なた」「日かげ」「地面の温度」「しめりけ」などの言葉を適切に使って考察するよう助言する。 ここでは，結論だけでなく，温度変化の原因や理由について考察させる必要がある。 太陽が照りつける砂浜の熱さやプールサイドの様子を思い出させるなどして，地面の温かさと太陽の関係について考えさせるとよい。

指導のポイントと子どもが思考・表現するための工夫

【日なたと日陰の違いを温度計などで調べ、表やグラフを用いて表す活動の設定】

○本単元を展開するにあたり、観測結果を表やグラフに表し、評価・論述する活動により、表現力、思考力を向上させることをねらった。そこで、日なたと日陰の地面の暖かさや湿り気を体感や温度計で調べ、表やグラフに表す活動を設定した。

ここでは、教師が子どもに太陽の光を意識させながら、日なたと日陰の様子の違いを手で地面に触れるなどして感じ取ることができるようにするとともに、体感だけでなく、温度計を用いて地面の温度を測定するよう働きかけていくことが重要である。そして、実際に測定したデータを正確に記述できるようにし、問題を把握させていくとともに、子どもたちが違いを数字で表すよさ、傾向をグラフで表す良さに少しずつ気づくことができるようにする。

また、前時に学習した、時間経過とともに影が移動することを想起させ、それを見越して観測場所を設定させることも重要である。

【表やグラフから日なたと日陰の違いを比較して分析する活動の設定】

○ここでは、表やグラフをもとに日なたと日陰の地面の様子の特徴を読み取ることができるようにすることが非常に重要である。日なた同士、日陰同士を比較しやすいようにするために、その際、教師が温度計の表記がそのままグラフの目盛りになるように工夫した記録用紙を提示することで、子どもが数値の読み方を明確にしたり観測したときの状況を想起し説明したりしやすくなる。

また、友達の表やグラフとも互いに見比べ説明しあう活動を取り入れる。こうすることで子どもが見いだした温度変化の傾向を自分の言葉で説明できるようになることをねらっている。

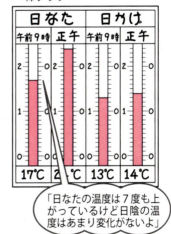

温度計の表記を生かした棒グラフ

この局面では、2つのデータを比較してその違いの有無を説明するよう指示し、発表の際には4つのデータのうちどの2つを選択したのかを明確にし、それらを比較することでどんなことが言えるのかをはっきりさせながら説明できるようにすることが重要である。

また、考察の局面では、日なたの地面の方が大きく上昇しているのはどうしてかを考えさせることが重要である。日なたと日陰の地面にふれたときの体感を思い起こさせ、関連づけて考えるよう助言する。

② 第4学年の理科授業

A 物質・エネルギー 【電気の働き】

❶ 単元の目標

　乾電池や光電池に豆電球やモーターなどをつなぎ，乾電池や光電池の働きを調べ，電気の働きについての考えをもつことができるようにする。
- ㋐　乾電池の数やつなぎ方を変えると，豆電球の明るさやモーターの回り方が変わること。
- ㋑　光電池を使ってモーターを回すことなどができること。

❷ 言語活動の充実と思考力・判断力・表現力の育成のポイント

　本単元の第1次では，電池とモーター，検流計を使って電気の通り方を調べていく中で，電気の通り方には向きがあり，＋極から－極へと流れていくこと，それを電流ということを学ぶ。まず，同じ材料で作ったモーターカーの進む方向が違うことから，「モーターの回る向きは何によって変わるのだろうか」という第1次の問題を設定する。問題解決における思考力・判断力・表現力を育成するポイントは，第1次の問題の考察の局面においての「概念や法則を解釈し，説明しあったり活用したりすること」である。電池の向きとモーターの回転方向，検流計の針の向きを調べる実験を行い，その結果をもとに，モーターと電気の通る向きのきまりを説明させる。このように，見えない電流の向きをモーターの回転方向や検流計の針の動く向きと関連付けて検証し，説明する学習活動により，思考力・判断力・表現力を育成することができる。

　第2次では，2つの電池のつなぎ方を変え，モーターの回り方を比べることなどから，電流の強さとの関係を理解する。ここでは，「モーターカーをもっと速く走らせたい」という願いから，「乾電池のつなぎ方を変えると電気の働きはどのように変わるのだろうか」という第2次の問題を設定する。この問題解決における思考力・判断力・表現力を育成するポイントは，予想する場面での「概念・法則・意図などを解釈し，説明しあったり活用したりすること」である。第1次で学習した電流の向きに着目しながら，モーターがよく回る2つの乾電池のつなぎ方について話し合い活動を通し仮説を練り上げていく。その際に，自分の考えをモデル図（回路図記号）にし，画用紙に描き表す。さらに「電流の向き」「電流の強さ」などの言葉を適切に用いることで，予想を正確に記述することができることに気付かせる。このように，一人一人が考えたつなぎ方を分類・整理し，説明しあう活動を取り入れることによって思考力，判断力，表現力を育成することができる。

　第3次では，乾電池とは異なる「消耗しない電池」として，光電池を提示し，光電池に当たる光の強さと電気の働きとの関係を実験を通して見いだしていく。

❸ 指導の計画（全11時間）

次	○学習活動　　◆評価規準（科学的な思考・表現）
第1次 3時間	○モーターカーを制作して走らせると，後ろに走る車があることに気付く。 ○同じ材料で作っているのに車の走る向きが変わるのはなぜだろう ○電池の向きを変えるとモーターの回転する向きが変わるみたいだ。 **問題：モーターの回転する向きが変わるのは何が原因だろうか。** ○回路を電気が通るときの向きについて自分なりの予想や仮説をもつ。 ○モーターと検流計を用いて，回路の中の電流の向きについて調べる。 ○電気の流れには向きがあることを見いだし，その流れを電流ということを知る。 ○電流は乾電池の＋極から‐極へと流れていることを見いだす。
第2次 4時間	○モーターカーをもっと速く走らせるための方法について話し合う。 ○電池を増やし，電流を強くすればモーターがよく回るだろうという見通しをもつ **問題：乾電池の数やつなぎ方を変えると，電気の働きはどのように変わるのか。** ○乾電池をどのようにつなぐとモーターがよく回るかについて予想や仮説をもつ。 ◆乾電池のつなぎ方とモーターの回り方を関係付けて，予想や仮説をもち，表現している。 ○実験計画を立て，実験する。 ○実験結果から，乾電池のつなぎ方と電気の働きについてわかったことを話し合う ○乾電池を直列につなぐと強い電流が流れ，電気の働きが大きくなる。並列につなぐと乾電池1個分の電流が流れ，電気の働きも乾電池1個の時と変わらないことを見いだす。 ◆乾電池の数やつなぎ方を変えて，回路を流れる電流の強さとその働きを関係付けて考察し，自分の考えを表現している。
第3次 4時間	○使い捨てである乾電池について話し合い，光電池のよさについて知る。 **問題：光電池に当てる光の強さを変えると，電気の働きはどのように変わるか。** ○光電池に当たる光とモーターの回り方の関係について，予想や仮説をもつ。 ○光電池へ当てる光の強さとモーターの動きの関係について調べる計画を立てる。 ○光電池に光を当ててモーターを回すことで電気の働きを調べる。 ○光電池に当たる光が強くなると光電池が回路に電流を流す力が強くなり，電気の働きも大きくなることを見いだす。 ◆光電池に当てる光の強さを変えて，回路を流れる電流の強さとその働きを関係付けて考察し，自分の考えを表現している。 ○光電池や乾電池を使ったおもちゃ作りをする。

❹ 授業づくりと指導の実際

● 第1次の展開

◎子どもの活動　○予想される反応	■教師の指導　◆評　価
【問題をつかむ】 ◎モーターカーを制作して走らせると，後ろに走る車があることに気づく。 ○電池の向きを変えるとモーターの回転する向きが変わるみたいだ。 問題：モーターの回転する向きが変わるのは何が原因だろうか。 【追究する】 ◎電池の向きを変えるとモーターの回転する向きが変わることについて話し合う。 ○電気の通り方には向きがあるのではないか。 ◎乾電池の向きと回路を電気が通るときの向きについて自分なりの予想や仮説をもつ。 ○電流の流れは一方通行ではないか。 ○＋極と－極からモーターに向けて電流が流れているのではないか。 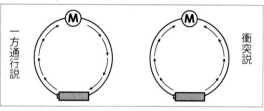 ◎実験方法について考える。 ○導線の中を流れる電気の流れる向きを調べたい。 ○導線の２カ所の電流の向きを測定しよう。 ◎モーターと検流計を用いて，回路の中の電流の向きについて調べ，実験結果を記録する。 【結果を整理する】 ◎実験結果を図表にまとめる。 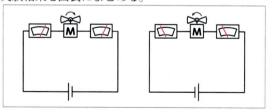 【考察し結論を導く】 ◎電流の流れる向きについて話し合う。 ○電流はいつも乾電池の＋極から－極へ流れている。 ○電流の流れる向きが変わると，モーターの回転する方向も変わる。	■同じ材料で作っているのに車の走る向きが変わるのはなぜか投げかけ，相違点について気付けるよう助言する。 乾電池からモーターに電気が通っているということは？ 電気は回路の中をどのように通っているのかな？ ■回路の中の電気の通り方について自分なりの考えを画用紙に書き，黒板に貼りながら説明させ分類整理する。 自分の考えと似ている考えのそばに，自分の画用紙を貼ろう。他の人の考え方も見ておこう。 後から貼りに来た人が困っていたら，分類の手助けをしてあげよう。 ◆電流の流れる向きとモーターの回り方を関係付けて，予想や仮説をもち，表現している。 ■簡易検流計を使うと電流の流れる向きを調べることができることを伝える。 電気の通り方には，一定の向きがあるようだね。 乾電池からモーターへ電気の力が移動していて，この移動には向きがある。この電気の流れを「電流」というよ。 ■結論について「電流」という言葉を使って説明できるようにする。

指導のポイントと子どもが思考・表現するための工夫

【回路の中の電流の向きについて話し合う場の設定】

○子どもが持っている回路を流れる電流のイメージは下図の説のように多様である。そこで，回路中の複数の場所で電流の向きを調べる学習を設定する。電気は目に見えないため，「もし，電気の通る向きが…なら，針の動きはこうなる」「こうすれば…なるはず」といった，それぞれの仮説をもとにした実験結果の予想を説明しあう活動を設定した。このことにより，乾電池のつなぎ方についての学習を始める前に，乾電池からどのように電流が流れているのかを明確にすることで，次時において，2つの乾電池のつなぎ方の根拠や見通しをもつことができるのである。

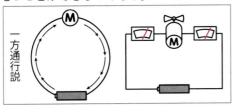 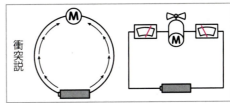

[一方向説のイメージ図と実験結果の見通し]　[衝突説のイメージ図と実験結果の見通し]

また，教師が子どもに「検流計の針が右に振れているということは，電気が通る向きは？」などと働きかけ，実験の予想と結果の因果関係を明確にした説明を促すことがポイントとなる。そして，「電気の通る向き」「＋極」「－極」といった言語化を繰り返し，子どもたちに目に見ることのできない電気の性質についてしっかり把握させていくことが重要である。

【実験の結果を解釈・活用して，電流の向きについて説明する活動の設定】

○実験の結果について，視覚的に読み取ったデータを図表に整理することで電気の流れとその働きについて関係づける。まず，図表から電池の向きと検流計のふれの向きに着目させ考察を促す。すると，電流の流れは一方向であり，いつも＋極から－極へ流れていることを読み取ることができる。次に電池の向きとモーターの向きに着目させ考察を促す。電流の向きが変わると電気の働きも変わることを説明させたい。

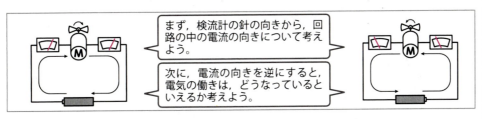

ここでのポイントは，実験結果を記録できる図表を先に作成しておくことで，何の目的の実験なのかを明確にしながら活動に取り組ませることである。この活動を基に，実験結果を自分の仮説と比較して考察させることで，結論を導くことができる。「乾電池を入れ替える」という表面的な活動でなく，「電気の通る向き（電気の流れ）」という言葉を使って考えさせ，説明させることで，結果からどんなことがいえるのかが明確になる。

●第2次の展開

◎子どもの活動　　○予想される反応	■教師の指導　　◆評　価
【問題をつかむ】 ◎モーターカーをもっと速く走らせるための方法について話し合う。 ○電池を2つ使えばいい。 ○電池をどのようにつないだらよいのだろう。 問題：乾電池の数とつなぎ方を変えると，電気の働きはどのように変わるのか。 【追究する（予想・仮説の設定まで）】 ◎2つの乾電池をどのようにつなぐとモーターがよく回るかについて予想や仮説をもつ。 ◎自分の考えたつなぎ方をモデル図として画用紙に書き，黒板で分類・整理する。 ○＋極と－極をそれぞれひとまとめにしてつなげたらどうだろう。 ○2個の電池をひとつながりの回路でつなげたらどうだろう。 ○私の考えたつなぎ方は君のつなぎ方と同じ考えだから近くに貼ることにするよ。 ○このつなぎ方とこれは違う考え方だな。 ◎どうして電流が強くなるのか，モデル図を活用しながらつなぎ方ごとに説明しあう。 ○2つの乾電池からの電流が合わさると思うので電気の働きは大きくなると思う。 　➡〈力を合わせる作戦〉（並列つなぎ） ○電池の電流をもう一つの電池の電流が押し出すようにするので電気の働きは大きくなると思う。 　➡〈力を押し出す作戦〉（直列つなぎ） ○このつなぎ方は電流の流れが衝突すると思うので，電気の働きは大きくならないのではないか。 ◎並列つなぎと直列つなぎについて実験する見通しをもつ。	■電池を増やし，電流を強くすれば電気の働きが大きくなり，モーターがよく回るだろうという見通しをもたせる。 ■ノートや画用紙にどんどんアイディアを書き留めながら発想を膨らますとよいことを助言する。 　電流は乾電池の＋極からモーターを通って－極へ戻っていくのだったね。このきまりに気を付けて回路を考えよう！ ■回路図のきまりを指導し，それを活用して比較するとわかりやすいことを伝える。 ■黒板に貼り出されたモデル図のうち，同じような考えのつなぎ方同士をまとめ，グループ化するよう指示する。 ■自分の意見の根拠をはっきりさせるため，どうしてよく回ると思うのか，作戦名をつけさせる。 　並列つなぎから先に作戦名の検討を始めることで，「協力」や「力を合わせる」といった反応を引き出し，直列つなぎとの考え方の差異をより明確にできる。 ◆乾電池のつなぎ方とモーターの回り方を関係付けて，予想や仮説をもち，表現している。 ■短絡回路について説明し，そのつなぎかたでないかどうか確認する。 ■それぞれのつなぎ方を「並列つなぎ」「直列つなぎ」と呼ぶことを伝える。 ◆乾電池のつなぎ方とモーターの回り方を関係付けて，予想や仮説をもち，表現している。

指導のポイントと子どもが思考・表現するための工夫

【一人ひとりの考えを分類整理して提示し，分析する活動の設定】

○この活動のポイントは，「2つの乾電池をどのようにつないだら電気の働きを大きくすることができるか」という問題に対して一人ひとりの考えに根拠をもたせ，「実際に電池を接続してモーターの働きを調べてみたい」という次時への見通しをもてるように働きかけることである。そこで，まず，一人ひとりが考えたつなぎ方を黒板に並べて提示し，分析しながら分類整理する活動を設定する。次に，そのつなぎ方の有用性を説明し合う活動を行い，どうすればモーターに流れる電流が大きくなり，電気の働きが大きくなるかを説明するよう促す。このとき，自分の意見の根拠をはっきりさせるため，どうしてモーターがよく回ると思うのか，電流の流れを回路図に矢印で書き込んだり，作戦名をつけたりするよう促すとよい。

説明活動の局面では，前時に学んだ「電流の流れる向き」についての考えを活用させる。例えば，「このつなぎ方は電流の流れが打ち消しあうように流れてしまうと思うので，モーターに流れる電気の働きは大きくならないのではないか。」というように，予想の妥当性について検討させることができる。

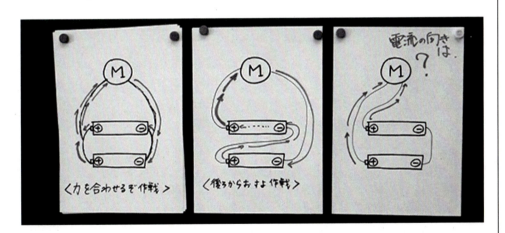

○このようにつなぎ方を分類整理する中で，子どもたち自身が，一見異なるように見えるつなぎ方でも，つなぎ方，つまり電気の働きを大きくする考え方が同じものがあることに気づくとともに，実験をしてみる必要性がある2つのつなぎ方を見いだすことができる。この活動を通して，子どもたちは仮説を練り上げ，追究する価値のある電気回路を主体的に見いだすことが可能になる。また，教師の説明として，ショート回路の危険性についても簡単にふれることができる。

このようにすることで，子どもたちは，自分たちで考えた電気の性質についての仮説について，確かめる必要性を強く感じながら実験に臨み，つなぎ方と電気の働きの大きさを関係付けながら追究し，結論へ向かうことができるようになる。

A 物質・エネルギー 【すがたを変える水】

❶ 単元の目標

　水の性質に興味・関心をもって追究する活動を通して，温度の変化と水の状態や体積の変化を関係付ける能力を育てるとともに，それらについての理解を図り，水の性質についての見方や考え方をもつことができるようにする。水を熱していくと100℃近くになると沸騰し盛んに泡が出てくるが，この泡は水蒸気であることをとらえるようにする。また，水の温度を0℃まで下げると，水が凍って氷に変わり，体積が増えることもとらえるようにする。

❷ 言語活動の充実と思考力・判断力・表現力の育成ポイント

　4年生では，本単元に至るまでに，粒子に関して「閉じ込めた空気や水」，「ものの温度と体積」，「もののあたたまり方」の3単元を学習してきている。本単元では，これまで学習した知識や体験を基に，物質の三態変化について現象を理解するとともに，粒子概念(粒子のもつエネルギー)を形成させたいと考える。

　まず，実感を得るために，丁寧に実験を行い，よく現象を観察させる。これを第1のポイントとする。水が固体⇨液体⇨気体と変化していく様子をじっくりと観察することで，なんとなく生活の中で体験している水の沸騰現象や水が凍ることを化学的な変化としてとらえさせる。温度変化に伴う水の変化の様子をグラフ化し視覚化することで，水が100℃以上にならないことや0℃の状態がしばらく続くことに気づかせ，疑問を持たせるきっかけとする。沸騰中に激しく発生してくる泡の存在を取り上げ，水蒸気というものを意識化させる。これらの現象を説明させるときに，目に見えないがそこに存在しているものを概念化していくことになり，抽象的思考が必要になってくる。4年生の学習における大きなステップである。今後の理科学習につながる抽象的思考を大切に育みたい。

　第2のポイントは，子どもの疑問を取り上げ問題解決方法を考えさせることである。じっくりと観察させることで，「なぜなのか」という疑問が子どもたちに生じてくる。この疑問を解明しようとして仮説を立て，それを実証するために実験を考え，実践を試みる。疑問⇨仮説⇨実験⇨結果⇨考察という一連の流れの中で学習を進めていく。これがポイントである。この流れの中で子どもたちは，思考力・判断力が養われ，実験方法や結果の発表の場で表現力も培われると考える。

　その後，「水蒸気」という概念を形成するために，目に見えないものを表現する手段としてイメージ図を描かせる。これを第2のポイントとする。イメージ図を描くことで，現象を把握し思考し，それを表現する力となると考える。また，友だち同士でイメージ図を見合う場を設定することで，自分が表現したものを他者にもわかるように説明し，他者のイメージ図も理解しようとし，言語活動の充実が図れると考える。

　これらの活動を通して，抽象的な思考力が育ち，また，自分の考えや仮説を表現する力も培われ，徐々に，粒子概念が形成されていくと考える。

❸ 指導の計画（全8時間）

次	○学習活動　　◆評価規準（科学的な思考・表現）
第1次 2時間	○水を冷やし氷になる実験を行い，氷になる様子や，温度の変化を調べる。 **問題：水は何度で氷になるのだろうか。** ◆思考・表現 　今までの生活経験から根拠をもって予想し，自分の考えを発表している。 ○実験1：「水を冷やして様子を観察しよう」 　寒剤を使い，試験管の中の水が凍っていく様子を1分ごとに観察する。 ○結果：グラフをかき，急激に温度が低下した後，0℃がしばらく続き，試験管内が完全に凍ると，再び温度が低下する。 **結論：水は凍り始めてから完全に凍るまで0℃のままである。** ◆思考・表現 　なぜ，凍り始めてから完全に凍るまで0℃が続くのか自分なりの考えをもつ。
第2次 6時間	○水を温め沸騰させる実験を行い，温度による水の変化の様子を観察する。 **問題：水は何度で沸騰するのか。** ○実験2：「水をあたためて様子を観察しよう」 　水を入れた丸底フラスコをアルコールランプで加熱し，フラスコ内の水の温度変化を1分毎に記録し，変化の様子を観察する。 ○結果➡考察 　・加熱を続けても，100℃以上にはならない。 　・沸騰時に大きな泡が発生してくる。 　・フラスコ内の水は減った。➡水は水蒸気に変身して，フラスコ外に出て行った。 **結論：水は100℃近くで沸騰し，100℃以上にならない。** ◆思考・表現 　実験中に観察し，気づいた様々な現象を科学的に捉えている。 **問題：沸騰中に発生してくる大きな泡は何か。** ○実験3：「沸騰しているときに発生してくる大きな泡の正体は何だろうか」 ○予想話し合い：泡の正体を予想し，それを確かめる実験方法を考え，話し合う。 ◆思考・表現 　予想したことを確かめる実験を，既習の知識と経験から考える。 ○結果➡考察　泡をあつめると，ビニールなどは膨らむが，温度が下がると水に戻る 　　　　➡泡の正体は，水が変化したものである。 **結論：沸騰時発生してくる大きな泡は，水蒸気である** ○イメージ図を描く：沸騰しているときの水の変化の様子を想像し，図で表現する。 ○イメージ図を見合う：粒子をモデル化した表現がわかりやすいことに気付く。

❹ 授業づくりと指導の実際

● 第2次（第4・5時）の展開

◎子どもの活動　　○予想される反応	■教師の指導　　◆評　価
【問題をつかむ】 ◎前時の実験で，疑問に思ったことを想起する。 ○なぜ水は100℃以上にならないのだろうか。 ○沸騰しているときに発生している大きな泡は何だろうか。 ○実験後なぜ，水は減っているのだろうか。 問題：沸騰時に発生する大きな泡の正体は何だろう。 【追究する】 ◎予想：「水蒸気」「空気」「空気・水蒸気」 ◎実験方法を考える。 ○ビーカーの水を沸騰させ，発生してくる泡をろうとで集め，冷やす。 ○丸底フラスコの口にビニール袋をつけ，泡を集める。  ［第5研究所：空気説］ 【結果を整理する】 ◎班内で話し合う。 ○なぜうまくいかなかったのだろう。もう一度実験しなおしたい。 ○ビニールが膨らんだ。 ○火を消すと膨らんでいたビニール袋がしぼみビニール袋の内側に水滴ができてきた。 【考察し結論を導く】 ◎班ごとに話し合った結論を発表し，学級全体で話し合う。 ○空気以外にも，無色透明な気体があることを改めて確認する。 ○水が変身したものが水蒸気で，水蒸気は水に戻ることを，実験から確認する。 結論：沸騰時に発生している泡は水蒸気である。	■いくつかの疑問の中で，沸騰時の泡に注目させる。 ◆思考・表現 以前の実験時の様子を想起しながら根拠をもって一人ひとりが自分の考えをもち，仮説を立てる。 ◆思考・表現 自分たちの予想を仮説とし，それを立証する実験方法を考える。 ■実験中に個別に声かけをする。 ＜第5研究所：空気説＞ T：ビニール袋がパンパンに膨らんでいますね。 C：先生，水でぬらした金属棒をくっつけると，ビニール袋の中にすいてきができるんです。 T：本当ですね。どうしてかしら。 C：冷たい金属棒に冷やされて，中の空気が水にもどったから。 T：空気が水にもどるのですか。 C：あ，そうか。水にもどったんだから，水蒸気だ。 ■実験がうまくいき「泡の正体が水蒸気である」とはっきり結論付けられた班に，演示実験をさせる。 ◆思考・表現 水蒸気の概念を使って説明する。

指導のポイントと子どもが思考・表現するための工夫

【一斉実験：子どもたちが，水の沸騰現象をじっくりと観察する場と時間の設定】

○水が沸騰する現象は，生活の中の体験で多くの子どもたちは知っているが，実際に大きな泡がボコボコと大量に発生してくる様子をじっくりと観察したり，また，温度を正確に測ったりする経験はほとんどない。そこで，まず，水の沸騰現象をじっくりと観察する時間と場を設定した。五感で感じ取ることを自然科学の授業では大切であると考え，沸騰しているときの，湯気などの熱気や，発生してくる泡のボコボコという音，フラスコ内やスタンドなどに着いてくる水滴の様子を自分の目や耳，肌で確かめる活動を設定した。日ごろ知っているはずの沸騰現象なのに，じっくりと五感で感じ取りながら観察していると，「あれ？」「なぜだ」という疑問や，「どうなったのだろう」「もっと試してみたいな」という疑問や探究心が芽生えてくる。この意欲を大切にし，今後の探究活動につなげていきたい。

【予想（仮説）を発表し，意見を戦わす活動の設定】

○友人の予想を聞くと，それに従ってしまう子どもがいる。一人ひとりに根拠をもって予想をさせたいので，まず，一人で考え，ノートに自分の予想を書かせる。その後全員に発表させ，理由を言わせる。

　私は，泡は空気だと思います。
　その理由は，○○だからです。

　ぼくは，A子さんとは違って，水蒸気説です。
　その理由は，△△だからです。

　自分の予想（仮説）が誰と一緒なのか，友人の意見を聞きながら考え，自分の予想を変更することもある。よく考え，よく聞き，そしてまたよく考える活動において思考力・判断力が育成されると考える。

【実験方法を考える：問題を解決するための実験方法を考えさせる活動の設定】

○班ごとに実験方法を考えさせ，ミニホワイトボードに描き，発表させる。実験方法を考える思考力とともに，他者にもわかるように表現する力も養われると考える。
　このボードを実験中も机に立てておき，互いにどのような実験をしようとしているのかがわかるようにしておく。

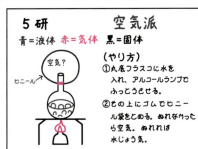

［児童が考えた実験方法（ホワイトボード）］

● 第2次（第6時）の展開

◎子どもの活動　○予想される反応	■教師の指導　◆評価
【問題をつかむ】 問題：沸騰しているときのフラスコ内の様子をイメージ図で表してみよう。 【追究する】 　◎「イメージ図」を描く 　○A：擬人化・漫画化 　　　みず君と水蒸気ちゃんのように，擬人化したり，噴出しで「あついよ」「たすけて」などと書き，状態を表現する。 　○B：粒に表情・手足あり 　　　Aほどに漫画化していない。粒に表情や手足を描き，同じものがたくさんあり，上に上って行くように表現する。 　○C：粒に表情・手足ありが変身していく 　　　Bのように表情や手足があるものが，水，水滴，水蒸気，湯気と変わっていく様子を，絵で表現している。 　○D：粒のみ（線のみ）で表す 　　　擬人化はせず，粒や線（矢印）だけで表わす。 【結果を整理する】 　◎描いたものを学級内で見合う。 　＜Cタイプ＞ 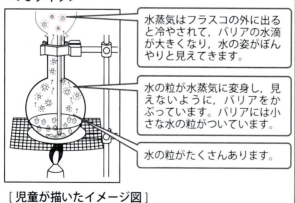 ［児童が描いたイメージ図］ 【考察し結論を導く】 結論：液体の水は，小さな粒が集まってできている。その粒が，熱せられ離れ離れになって気体の水（水蒸気）になり，フラスコの外へと向かう。	■水が固体⇨液体⇨気体と変身することは，これまでの実験で確かめている。液体から気体への変身は水も氷も目に見えるため，子どもは具体的なものがありわかりやすいが，液体から気体に変身するときは，水が水蒸気になり，水蒸気は目に見えないため，実態がつかめず，空気との区別がつかない子がいる。 ◆水の状態変化を理解して描いている。 ◆水の変化の様子を粒で表現している。 ◆目に見えない部分（水蒸気）に変身しているところを図や言葉で表現している。 ■全員のイメージ図をプロジェクターで写し，子どもに説明させる。 ◆水が温度によって固体⇨液体⇨気体と姿を変えていることに気づいている。 ◆目に見えない部分も水が変身したものを描いている。 ◆フラスコ内と，フラスコ外の水蒸気の様子を違えて表現している。 ◆粒子概念を使って説明している。

② 第4学年の理科授業

指導のポイントと子どもが思考・表現するための工夫

【「イメージ図」を描く活動の設定】

○今までは，現象を説明できていれば，擬人化されたアニメのようなものでも良かったが，科学的な現象を説明するのによりふさわしいもの追究していくように徐々に変化して欲しいと考える。そこで，イメージ図を個人で描く時に，実際に観察した現象から，水がどのように変身していったのかを描くように指導する。〔液体の水➡大きな泡➡見えなくなる➡フラスコ外では湯気となって見える／フラスコ内では，水滴となって見える〕このように水が変化していくことを確認し，目に見えない部分を想像して描くように指示を出す。「科学的な表現」を心がけるように子どもたちに声かけを行う。

【イメージ図を見合い，自分の思いを他者にわかるように説明し，また他者の思いを聞きながら，より的確な水の沸騰状態を表すイメージ図を選ぶ活動を設定】

○自分の思いで描く子どもが多く，発表は喜んでする。全員のイメージ図をプロジェクターで映し出し，個人のイメージ図を学級全体で共有する。似ている表現があることに気づき，似たものをグループでまとめる。「漫画・アニメグループ」「粒だけグループ」「矢印グループ」等のように，子どもたちで分類していく。大まかに分類できたら，グループの代表的なイメージ図を黒板に掲示し，見比べる。すると，沸騰時の状態変化をより科学的に表しているものはどのグループなのか，子どもたちから意見が出てくる。教師が教えるのではなく，子ども同士で見合うことで，科学的な表現に気づき，自分の考えを深めることができる。粒を使うとより抽象的な表現ができ，表情を描かなくても粒の集まりや動きで表現できることに，学級全体で気づく。

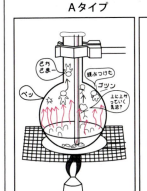
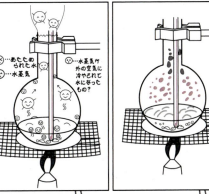

Aタイプ　「擬人化・台詞」
自分で話しをつくってしまっているので，忠実に現象を見て，物質の変化について考えさせる。

Bタイプ　「手足あり・上昇の動き」
人の形以外で（粒を使って）表現できないか，考えさせる。

Cタイプ　「粒に顔あり・変身していく」
状態変化をよく理解し，表情や形を変えて表している。

Dタイプ　「粒（線）のみ」
抽象度は高いが，状態変化はよく理解できていない，粒の広がりや大きさなどで変化の様子を表すように指導する。

B 地球・生命 【人の体のつくりと運動】

❶ 単元の目標

　人や他の動物の骨や筋肉の動きについて興味・関心をもって追究する活動を通して，人や他の動物の体のつくりと運動とを関係付ける能力を育てるとともに，それらについての理解を図り，生命を尊重する態度を育て，人の体のつくりと運動とのかかわりについての見方や考え方をもつことができるようにする。

　㋐　人の体には骨と筋肉があること。
　㋑　人が体を動かすことができるのは，骨，筋肉の働きによること。

❷ 言語活動の充実と思考力・判断力・表現力の育成のポイント

　本単元では，導入として，自分の腕を触ったり動かしたりする活動を通して問題作りを行う。ここでのポイントは，「体験から感じ取ったことを表現すること」である。教材が自分の体であるため，児童の興味・関心は高い。「固いところ」「柔らかいところ」「曲がるところ」「曲がらないところ」という触った感触の違いや，動かしたときの違いについての気付きを言葉や絵で表現させ，そこから問題を作っていく。

　その後は導入で作られた2つの問題について調べていく。第1次の後半では「人の体は，どのようなつくりになっているのだろうか」，第2次では，「人の体は，どのような仕組みで動くのだろうか」という問題である。いずれも，中身の見えない自分の体を扱っており，自分の体を触れてじっくりと観察をしたあとに，資料を活用してさらに理解を深め，考察する流れとなっている。ここでのポイントは，「概念・意図などを解釈して話し合うこと」，「情報を分析し，論述すること」「互いの考えを伝え合い，自らの考えや集団の考えを発展させること」である。第2次は，第1次で学んだ「腕のつくり」を模した関節模型を手にしながら考察する活動を設定する。模型を用いることで，より具体的な話し合いがなされる。また，第1次と同じ流れをとっているので，児童は第1次で学んだ学び方を生かして主体的に学びを進めることができる。それにより，思考力・判断力・表現力のさらなる育成が期待され，充実した学習が展開されると考える。

❸ 指導の計画（全6時間）

次	○学習活動　　◆評価規準（科学的な思考・表現）
第1次 3時間	○自分の腕を触ったり，動かしたりして，気付いたことを話し合い，問題を作る。 **問題①：人の体は，どのようなつくりになっているのだろうか。** ○腕のつくりがどのようになっているのかについて予想をもつ。 ○調べる方法を話し合い，自分や友達の体を使って観察する。 ○観察結果や，骨格模型，図鑑，レントゲン写真などの資料を用いて，骨や筋肉，関節の存在について考察する。 ◆思考・表現 　観察結果と資料を基に，骨，筋肉，関節の存在について，自分の考えを表現している。
第2次 3時間	○第1時で話し合った問題②を確認する。 **問題②：人の体は，どのような仕組みで動くのだろうか。** ○腕の関節がどのような仕組みで動いているのかについて予想をもつ。 ○調べる方法を話し合い，自分や友達の腕を曲げたり伸ばしたりしたときの様子を観察する。 ○観察結果を基に自作の関節模型（後述）を用いて，腕が動く仕組みについて考察する。 ○他の動物の骨格や筋肉の働きを調べて比較し，それらの特徴や人との違いに気付き，理解を深める。 ◆思考・表現 　骨と筋肉のつくりと，動かしたときの変化とを関係付けて考察し，自分の考えを表現している。

❹ 授業づくりと指導の実際

● 第1次（第1時）の展開

◎子どもの活動　　○予想される反応	■教師の指導　　◆評　価
【問題をつかむ】 ◎自分や友達の体を触ったり動かしたりして，気付いたことを発表する。 ○やわらかいところとかたいところがある。 ○筋肉があるところはやわらかい。 ○ひじのところで曲がるが，逆の方向には曲がらない。 ○手は，曲がるところがたくさんある。 ○腕が，力を入れるとかたくなる。 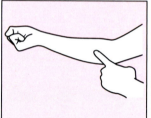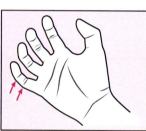 ◎人の体について明らかにしたいことについて話し合う。 ○やわらかいところとかたいところは，どのようになっているのか。 ○人の体には，どんな骨や筋肉があるのか。 ○体を動かすとき，どのようになっているのか。 ○腕を曲げるとき，どのような仕組みになっているのか。 ◎人の体について調べていきたいことを学級全体で話し合って整理し，問題を作る。 問題①：人の体は，どのようなつくりになっているのだろうか。 問題②：人の体は，どのような仕組みで動くのだろうか。	■出た意見は，その場で体を触らせて学級で共有する。 ■人の体には，いろいろな秘密がありそうだということを確認し，これからの学習への意欲につながるようにする。 ■各自で今後明らかにしたいことをノートに書いたあと，グループで相談して短冊カードに書くようにする。 ◆人の体について，自分なりの問題を見いだし，表現している。 ■短冊カードをもとに黒板上で分類し，問題を作る。 ■同じ意見は重ね，似た意見は近くに貼らせるようにする。 ■2つの問題について，順番に調べていくことを伝える。

指導のポイントと子どもが思考・表現するための工夫

【自分や友達の体を触ったり動かしたりする活動の設定】

○本単元の導入として，自分や友達の体を触ったり動かしたりする活動を設定した。体には様々な仕組みが備わっており，体を動かすためには，骨や筋肉，関節の存在が必要不可欠である。児童が自分や友達の体に直接触れ，触った感触の違いや，動かしたときの違いについての気付きを言葉や絵で表現させ，そこから問題を作っていく。ここでのポイントは，「自分の体験から感じたことを，相手に伝わるように表現し，伝えること」である。どこのことを言いたいのかを明確に伝えるようにさせる。また，児童一人一人の気付きを大切にして丁寧に声を掛け，これから行う活動への意欲につながるようにすることも重要である。

腕をさわったり動かしたりする子ども達

【短冊を活用して意見をまとめ，「問題」を作る活動の設定】

○児童が感じたそれぞれの気付きや疑問から，学級としての「問題」を作っていく重要な場面である。ここで児童一人一人が問題を把握できていれば，この単元は児童が意欲的に観察に取り組んでいくであろう。

　まずは各グループの疑問を短冊に書かせ，黒板上に貼らせる。この時のポイントは，同じ意見は重ね，似た意見は近くに貼らせることである。記名させることで，友達に意見の詳細を聞きに行ったり，友達へアドバイスをしたりすることができ，児童相互の学び合いが進むようにする。ここでの教師は，友達の意見との共通点や差異点に着目するよう声を掛け，児童の活動を促す役割をもつ。その後，全体での話し合いへと移り，問題としてまとめる。

　児童から「つくり」という言葉は出にくい。3年の植物単元で「葉，くき，根」という作りを学習したことを想起させ，「つくり」として一つの問題に集約させるようにする。

❹ 授業づくりと指導の実際

● 第2次（第1・2時）の展開

◎子どもの活動　○予想される反応	■教師の指導　◆評　価
◎問題を確認する。 **問題②：人の体は，どのような仕組みで動くのだろうか。** 【追究する】 ◎腕の骨や筋肉がどのような仕組みで動いているのか予想する。 ○関節で曲がると思う。 ○動かすと，筋肉が固くなりそう。 ◎調べる方法を話し合い，実際に触ったり動かしたりしながら観察する。 ○腕を曲げたり伸ばしたりすると，筋肉が固くなったり柔らかくなったりする。 【考察し結論を導く】 ◎自作の関節模型を用いて，腕が動く仕組みについて考察する。 ○腕を曲げると，模型の風船が縮むように，腕の内側の筋肉も縮まって盛り上がるのではないか。 ◎デジタル教材などの資料を用いて，体が動く仕組みについてさらに深める。 ◎人の体が動く仕組みについてまとめる。	■「骨」「筋肉」「関節」という用語を確認する。 ■自分や友達の腕を触りながら調べるようにさせる。 ■物を持ち上げたり，力を入れさせたりさせ，筋肉の様子の変化に目を向けさせる。 ■なぜそのようなつくりをしているのかを考えるようにさせる。 ◆腕が動く仕組みについて，自分の考えをもって話し合いをしている。 ■観察だけでは分かりにくい部分や，腕以外の体の動く仕組みについて触れ，理解を深めさせる。 ◆体が動く仕組みについて，自分の考えを表現している。

●デジタル教材の活用について

　本単元のように，体の中を扱っているために実際に結果を見ることができない場合や，次単元で扱う「月と星」のように，時間スケールが大きくて連続的な観察が難しい場合などでは，デジタル教材を活用することが有用である。

　もちろん，実験・観察は通常通り行うことは言うまでもない。実際に手を動かし，目で見て学んだ上で映像やコンテンツを見せることで，児童の思考をさらに深めることができる。

《おすすめデジタル教材》
● NHK for school　　http://www.nhk.or.jp/school/
　よいクリップが多く用意されている。事前によく見てさがしておく必要がある。必要に応じ，クリップを途中で止めたり，音声を消して見せたり，活用方法を工夫するとよい。

指導のポイントと子どもが思考・表現するための工夫

【関節模型を用いて，腕が動く仕組みを考察する活動の設定】

○腕の中身を，直接見ることはできない。図鑑やデジタル教材などを見れば一目瞭然であるが，それでは児童の思考力は育たない。そこで本時では，自分の体に触れて，じっくりとその仕組みを観察する活動を設定した。物を持ち上げたり，力を入れさせたり，実際に触ったり動かしたりさせることで，「ここがこうなっているから，この動きができるのではないか。」と，グループで話し合いをしながら，腕が動くための秘密を考えさせる。

そして，その見付けた秘密を，関節模型を用いて説明する活動へと移行する。模型は，1次で学習した腕のつくりを，骨を板に，関節をちょうつがいに，筋肉を風船に，腱をたこ糸に置き換えて組み立てると，下の図のように作成することができる。

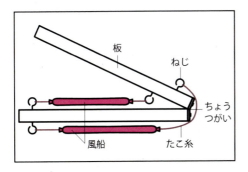

[自作の腕の関節模型]

○模型を目の前にし，実際に動かしながら話し合うことで，児童はより具体的に自分の考えを表現することができる。特に，風船が伸びたり縮んだりする様子に着目をさせることは，児童の「腕を動かすと筋肉の様子が変わる」という認識を強めることにつながる。腕を動かすことと，自分の筋肉が固くなったり柔らかくなったりする様子の変化とを結び付け，考察できるようにすることがポイントである。

また，なぜそのようなつくりになっているのか，なぜそのような仕組みがあるのかについて考えさせることも重要である。私たちの体のつくりや様々な仕組みには，それぞれ意味がある。そのことに触れ，人体の神秘さについても感じさせたい。

B 生命・地球 【月と星】

❶ 単元の目標

　天体について興味・関心をもって追究する活動を通して，月や星の動きと時間の経過を関係付ける能力を育てるとともに，月や星の特徴や動きについての見方や考え方をもつことができるようにする。

- ㋐ 月は日によって形が変わって見え，1日のうちでも時刻によって位置が変わること。
- ㋑ 空には，明るさや色の違う星があること。
- ㋒ 星の集まりは，1日のうちでも時刻によって，並び方は変わらないが，位置が変わること。

❷ 言語活動の充実と思考力・判断力・表現力の育成のポイント

　本単元では，実際に天体を観察する活動を通して，第1次では，空には明るさや色の違う星があること，第2次は月は時刻によって位置が変わること，第3次は星は時刻によって位置が変わることをとらえさせる。

　第2次では，視点を与えずに行った観察により見いだされた問題点から，観察計画の立案を行う場面を設定する。これらの活動をグループ単位で行い，教師がアドバイスをする中で児童たち自身が観察時の注意点に気付けるようにする。ここでのポイントは「課題について構想を立て実践すること」である。また，活動をグループ単位とすることで，全員が結果を報告する場面を設け，「体験から感じ取ったことを表現すること」「事実を正確に理解し伝達すること」を全員が経験する。さらに，自分なりに学習内容をまとめる活動により，「事実を正確に理解し伝達すること」を全員が行う。これらのポイントを通して，思考力・判断力・表現力の育成を目指す。

　第3次は，第2次と同様の流れで行う。月は星に比べて子供が見付けやすく，位置の変化が分かりやすいのでこのような学習計画とした。第2次の月の学習を生かして児童が自主的に学習を進めることができ，思考力・判断力・表現力がより高められることが期待される。

② 第4学年の理科授業　95

❸ 指導の計画（全9時間）

次	○学習活動　　◆評価規準（科学的な思考・表現）
第1次 2時間	○星空を見上げた経験について話し合う。 ○星や星座に関する物語を聞き，天体に関する興味・関心を高める。 問題：星の明るさや色には，ちがいはあるのだろうか。 ○星の明るさや色について，今までの経験から予想する。 ○観察計画を立てる。星座早見の使い方を知る。 ○各家庭で，星の観察を行う。 ○観察結果をもとに，星の明るさや色について考察する。 ◆思考・表現 　観察結果から考察した星の明るさや色について，自分の考えを表現している。
第2次 4時間	○昼間に見える月（半月）を，時刻を変えて観察し，月が動いていることに気付く。 問題：1日のうちで時間がたつと，月はどのように動くのだろうか。 ○月の動き方を予想する。 ○どのようにしたら月の動き方を確かめられるか，観察計画を立てる。 ○各家庭で，月の観察を行う。 ○観察結果をもとに，月の動きについて考察する。 ◆思考・表現 　月の位置の変化と時間を関係付けて考察し，自分の考えを表現している。 ○満月についても同様に観察し，月の動きについてまとめる。
第3次 3時間	○第1次，第2次の学習を思い出すとともに，見られる星座について話し合う。 問題：1日のうちで時間がたつと，星はどのように動くのだろうか。 ○星の動き方を予想する。 ○どのようにしたら星の動き方を確かめられるか，観察計画を立てる。 ○各家庭で，星の動く様子を観察する。 ○観察結果をもとに，星の動きについて考察する。 ◆思考・表現 　星の位置の変化と時間を関係付けて考察し，自分の考えを表現している。

❹ 授業づくりと指導の実際

● 第2次（第2時）の展開

◎子どもの活動　　○予想される反応	■教師の指導　　◆評　価
◎問題を確認する。 問題：1日のうちで，時間がたつと月はどのように動くのだろうか。 ◎前時の帰宅後に月を観察した結果を発表し合う。 ○家の庭の方に見えた。 ○私が19時に見たときには，マンションのベランダから右の方に見えた。 ○月の見える方向は，方位磁針を使って調べた方がいい。 ○同じ場所から観察しないと，動いたかどうかが分からない。  ◎観察方法，観察時の注意点について話し合う。 ○同じ場所で，目印をもとに位置を記録するといい。 ○方位が分かれば，月の見える方向がはっきりする。 ○時刻は正確にした方がよい。 ◎観察方法について確認し，各自でノートにまとめる。	■第2次第1時では，昼間の月が動いていることに気付き，問題を作り，予想をしている。また，その日の帰宅後には月を観察するよう伝えてある。 ■昼間見ることができる上弦の月を観察対象にする（時期を選ぶ必要あり）と，午後の授業で観察した月を帰宅後に継続して観察でき，都合がよい。 ■各自の観察結果をグループで発表し合わせ，観察方法の問題点に気付かせる。観察方法の問題点へと思考が進まないグループには，それぞれの観察場所と月の位置に着目させる声かけを行う。 ■児童が各家庭で迷わずに観察できるよう，整理しながら注意点をまとめていくようにする。 ◆観察する時間や場所に注意を払い，月の観察計画を立てている。

指導のポイントと子どもが思考・表現するための工夫

【視点を定めずに観察し，見いだした問題点から観察方法を考え表現する活動の設定】

○天体の観察を行う上で重要なことは，定点観察を行うことである。また，方位や時刻などの要素を正確に計測し，記録することも大切である。そのことに児童自らが気付くことができるように，このような観察の場を設定した。

第2次第1時で，午後の月（上弦の月）が動いたことを確認した児童は，その後の動きを予想し，それを確かめようとそれぞれの場所で観察をする。第2次第2時では，その結果をうまく表現できなかったり，友達の観察結果との間に生じたずれに気付いたりした経験から，どうすれば全体でのまとめにつなげることができるかを児童なりに考え，問題点として表現していく。

グループでの話し合いの中で，児童は自分が観察した結果を報告する。友達の結果と比較した際に問題点に気付けるよう，月はどこに見えたのか，月はどのように動いたのかを正確に説明するよう促す。事実をもとに報告するうちに，児童は「グループの中で結果が違う。」「同じ場所から観察しないと，動いたかどうかわからない。」など，今までのやり方では月の動きについて説明できないことに気付き，観察方法を改める必要性を感じる。

[上弦の月を観察する子どもたち]

○見いだした問題点を基に，児童は自分たちで観察方法を考えていく。「なぜ同じ場所から観察するのか」「なぜ方位磁針で方位を調べるのか」など，そのような方法をとる理由を明確にして発表させる。方法が曖昧なままにならないように，児童に方法を言葉で表現させることで共通理解を図る。児童から出てこなかった注意点についても，「○○のようなときはどうする？」などと具体的な場面を考えさせ，児童の口から注意点として導きたい。

●第2次（第3・4時）の展開

◎子どもの活動　　○予想される反応	■教師の指導　　◆評　価
◎問題を確認する。	■第2次第2時のあと，児童は各自の家庭で，月の動きについて観察している。
問題：1日のうちで時間がたつと，月はどのように動くのだろうか。	
◎観察した月の動きをグループごとに話し合って整理し，考察する。 ○みんな，月は東から南の方へ動いていった。高さも高くなっている。 ○南の方へ動いたあと西の方へ進んでいった。 ○月の動きは，太陽の動きと似ている。	■各自の観察結果を基に，月の動きにはどのようなきまりがあるのかを見いだせるよう，声をかける。 ■方位や時刻は正確に表現させる。
◎グループの話し合い結果を発表し合う。 ○月は，東➡南➡西の方向に動くと思います。どの人の結果もそうなっていたからです。	■動き方と，そう考えた理由をはっきりと述べさせる。ワークシートの結果を共有できるように，実物投影機などを用意しておくとよい。
◎満月の頃も，同じように観察を行い，結果を交流する。 ○満月も，半月と同じように東から南の方へ動いていた。 ○半月は夕方頃には南の空にあったが，満月は東の空にあった。	■後日，満月の頃を選んで再度観察をさせ，半月も満月も，同じ動きをすることを確認する。
◎デジタル教材で確認する。 ○月も太陽と同じように動いている。	■連続観察した動画などを見せる。 〈参考〉 ●デジタル教科書のコンテンツ ●NHK for School の映像

◎月の動きについて，各自でノートにまとめる。	◆月の位置の変化と時間を関係付けて考察し，自分の考えを表現している。

指導のポイントと子どもが思考・表現するための工夫

【グループで学び合い，考えを発展させる活動の設定】

○各自の観察結果を基に，月の動き方についての規則性を導く場面である。まずはグループで話し合い，結果を整理していく。そして，そこから考えられることについて話し合い，考えを発展させていく。

　学級全体では話し合いに参加しにくい児童も，少人数で，しかも自分の観察結果があるので，自信をもって意見を述べることができる。観察した時刻や方位など，記録した事実を基に，月がどのように動いたのかを説明するよう促す。それぞれの観察結果が大切に扱われ，どの児童も参加し，皆で学び合うことができる。

　その際，他の人と全く違う結果を持ってくる児童も考えられる。その場合は，グループでなぜそうなったのかを考えさせることで，さらに思考を深めることができる。

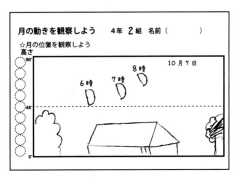

[ワークシート]

【事実を正確に理解し，学習内容のまとめとして表現する活動の設定】

○月の動き方について学んできたことを，各自でまとめる場面である。まずは一人一人が学習内容をしっかり理解し，それを他の人にも伝わるように言葉や図，絵などを用いて表現することが重要である。それこそがここで育てたい力である。

　このような活動は，今回の単元だけでなく，それぞれの単元の終末で行うとよい。はじめはうまく書けない児童も多いが，上手な児童のものを提示したり，互いに見せ合う活動を行ったりする中で徐々に書くときのポイントが絞られてくる。内容を精選する中で思考力・判断力が，どう書けば相手に伝わるものになるか工夫する中で表現力が高まっていく。

③ 第5学年の理科授業

A 物質・エネルギー 【電流の働き】

❶ 単元の目標

　電磁石の導線に電流を流し，電磁石の強さの変化を調べ，電流の働きについての考えをもつことができるようにする。

- ㋐ 電流の流れているコイルは，鉄心を磁化する働きがあり，電流の向きが変わると，電磁石の極が変わること。
- ㋑ 電磁石の強さは，電流の強さや導線の巻数によって変わること。

❷ 言語活動の充実と思考力・判断力・表現力の育成のポイント

　第1次導入における，思考力・判断力・表現力を育成するポイントは，電磁石を利用したクレーン・ゲーム機を用いたゲーム（ゲームの内容については4節で詳述する）をしながら，電磁石の特徴について調べたいことや気付きを整理して学習問題を設定することである。その際，第3学年で学習した磁石の性質や特徴と比較して問題を作る点に留意する。

　問題づくりの場面では，電磁石はコイルに電流が流れることで磁石になることから，電流とコイルの関係を意識しながら問題をたてさせる。具体的には，① 電流の大きさを変える（乾電池を直列つなぎにした場合の乾電池の個数），② 電流の向きを変える（乾電池の向き），③ コイルの巻き数を変える（100回巻き，200回巻等）……の3つの要因を用いて学習問題をたてさせたい。

　第1次の実験・考察場面における思考力・判断力・表現力を育成するポイントは，実験をして結果を整理する場面で，「今までの学習を想起させ予想，仮説を立てて事象を説明すること」である。実験をする際に，例えば，モーターでは，電池の極を変えると回転が逆になった学習経験をもとに考えさせる。その経験から電磁石の極は電流の向きに影響を受けると予想しながら実験を進める。

　3次における，思考力・判断力・表現力を育成するポイントは，実験結果を整理する場面を設定し，実験から得られた情報を分析・評価し考察・表現することである。

　コイルの巻き数や電流の大きさを変え，電磁石の強さを制御する。本稿では特にコイルの巻き数と電磁石の強さの関係を散布図に表わして考察する展開例を示した。

❸ 指導の計画（全12時間）

次	○学習活動　　　◆評価規準（科学的な思考・表現）
第1次 6時間	**[導入（3時間）]** ○「クレーンゲーム機（電磁石を利用したゲーム）」でゲームを体験し電磁石の性質に関心を高め，電磁石について調べたいことや疑問を話し合ったり発表し合ったりしながら調べることを整理する。 **[実験・考察（3時間）]** 問題：電磁石にはどのような性質があるだろうか。 言語活動を充実させるポイント：3年生で学習した磁石やモーターの学習を想起させ，電磁石の性質について電流の向きや電流の流れを要因として，根拠を基に予想し説明させる。 ① 磁石と同じように電磁石にもN極，S極があるだろうか。 ② 電磁石に流れる電流の向きを変えると極も変わるだろうか。 ③ コイルに電流を流さないと，鉄心は磁石の働きをしないだろうか。 ◆思考・表現 電磁石の働きを電流の流れや向きと関係づけて考え表現する。
第2次 3時間	○クレーンゲームの活動結果を思い出しながら，クレーンゲームでもっとたくさんの物を吊り下げることができないかという視点で電磁石を強くする方法を考える。 問題：電磁石の働きをもっと強くするには，どうしたらいいだろうか。 言語活動を充実させるポイント：情報を分析・評価し考察し表現する。 ① 電磁石を強くするための条件を調べよう。 ② コイルの巻き数を増やすと，電磁石の働きは強くなるだろうか。 ③ 電流の大きさを増やすと電磁石の働きは強くなるだろうか。 ◆思考・表現 電磁石の働きの強さを，巻き数や電流の大きさと関係づけて考え表現する。
第3次 2時間	○電磁石を利用した道具を作る。鉄心の無いクリップモーター（図）を製作して，電磁石の働きを利用すると生活に便利な道具ができることを体験する。 （図：クリップによる軸受け，エナメル線を10回ほど巻いたコイル，こちら側のエナメルは下半分を削る，電流，こちら側のエナメルは全部削る，乾電池，フェライト磁石，電池ホルダーあるいはガムテープなどで固定）

❹ 授業づくりと指導の実際

- 第1次（第3時）の展開

◎子どもの活動　　○予想される反応	■教師の指導　　◆評 価
【問題をつかむ】 　◎クレーンゲームの体験をもとに，電磁石の性質を予想する。 問題：電磁石にはどのような性質があるだろうか 【子どもの予想】 　①電流を流した時におこる電磁石のはたらきに関すること。 　　・プラスチックのクリップは引きつけなかったから，電磁石は磁石と同じように鉄だけを引きつけると思う。 　　・電磁石は磁石と同じように，N極，S極があると思う。 　　・ゲームでは，電池をつなげないとものをつけられなかった。だから，電磁石は，電流が流れる時だけ磁石になると思う。 　　・モーターは電池の＋－を変えると回転が逆になった。モーターの回転と同じで，電流の流れを変えると，電磁石の極は変わると思う。 　②電磁石の働きを強くすることに関すること。 　　・電磁石をもっと強くしたいけど，強くするためには電池を増やせば良いと思う。 　　・電磁石のコイルの巻き数を変えると，電磁石の強さは変化すると思う。 【電磁石の性質に関する学習問題をたてる】 　・電流の流れと電磁石の極に関すること。 　　（例）電磁石に電流を流して，電磁石の特徴を調べよう。 　・電磁石を強くする要因に関すること。 　　（例）電磁石の働きをもっと強くするには，どうしたらいいだろうか。	■電磁石と磁石を比較しながら特徴を予想させる。 ■クレーンゲームで体験したことから，生じる子どものつぶやきを，班で話し合い，科学的な言葉や概念を使って言語化する。 ■「電流を流した時におこる電磁石のはたらき」と「電磁石の強さを大きくすること」に，分類し整理する。 ■今回の実験では，電磁石を強くする要因として，鉄心の形状・太さ，エナメル線の太さは変えないことを伝えておく。 ◆評　価 　電磁石の特徴に関する要因について予想をもち，条件に着目して実験を計画し，表現している。

指導のポイントと子どもが思考・表現するための工夫

【導入のクレーン・ゲームの内容を工夫することで，子どもの問題意識を高める】

○本単元では子ども自身による問いが出やすいように，クレーンゲームを導入に用いた。図1に示すようにクレーンゲームは，割りばしの先に，電磁石を釣り下げた単純な形状である。単元の最初に，クレーンゲーム機を子どもに作らせる。製作には約1単位から2単位時間を要する。本時で行うクレーンゲームのルールは，図2に示す袋を決められた時間内（1, 2分程度）に予め示された位置に運び，その個数で勝敗を決めるゲームである。

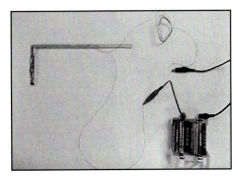

図1 [クレーンゲーム機]

クレーンで持ち上げる袋には，図2に示すゼムクリップの部分に鉄製ゼムクリップ，プラスチッククリップ，アルミ箔をつける。また，鉄製ゼムクリップのついている袋の中には，ゲーム性を高めるためにおもりを入れる。おもりとしてゼムクリップ（長さ23mm）を代用する。クレーンゲーム機の電磁石に電流を流さないと，ものを引きつけることができないこと，鉄のように電磁石に反応するもの，プラスチックのように反応しないもの，また，反応しても持ち上げることのできる重さには限界があること等を子どもはこのゲームを通して体験する。

第4学年「電池の働き」でモーターを扱っているが，そこでは，モーターに電磁石が使われていることは触れていない。したがって，本単元では，モーターの中身を実際に見せ，モーターに電磁石が使用されていることを示したうえで仮説をたてさせたい。電磁石の極性については，モーターの回転と関係づけて，予想をたてさせる。

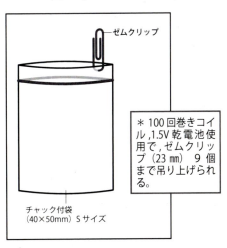

図2 [使用する袋の説明]

また，モーターの回転を速くするために，電池を直列つなぎにした体験をもとに，電池のつなぎ方（電流の強さ：乾電池1個よりも乾電池2個直列つなぎ）を変えることで電磁石の強さを強くしたり弱くしたりすることができることを仮説としてたてさせたい。下表のように既習体験を表にまとめると，調べ方が整理できる。

	電池のつなぎ方	電流の強さ
電池の働き（モーター）	＋－を逆 ➡ 回転が逆	直列2個 ➡ 回転が速い
電磁石の性質	SN極は変化するか	電磁石の強さは変化するか

● 第3次（第1・2時）の展開

◎子どもの活動　○予想される反応	■教師の指導　◆評　価
【問題をつかむ】 ◎電磁石のはたらきの強さ（以下「強さ」）をクレーンゲームの体験をもとに調べる方法を考える。 **問題：電磁石の巻き数を変化させると，電磁石の強さはどうなるだろうか。** ・電流の強さを一定にして，電磁石の巻き数を変え電磁石の強さを測定する。 　＊電磁石の強さをいくつのゼムクリップが電磁石に付くかで比較するが，それでは正確な測定ができないことから，本時では，チャック付き袋に分銅を入れて1g単位で計測する。  ［おもりを入れた袋］	■電磁石のはたらきの大きさを，定量的に調べる方法を考える。 ■変化させる条件（巻き数）と変化させない条件（電流の強さ）を確認し実験を進める。 ■電磁石の強さを，電磁石が引き上げる分銅の重さに置き換えて，1g単位で計測させる。 　乾電池が消耗しないように，スイッチをこまめに切る。 ■同じ巻き数のコイルで3回測定し，散布図上にプロットさせる。 ■散布図（右ページ参照）を完成させる。
【追究する】 ・50回巻きから300回巻きの間で10回巻程度の間隔で子どもが分担しコイルをつくる。その後，おもりをつり下げて測定する。電磁石の強さと巻き数の関係の分布図を完成させる。 【結果を整理する】 ・学級全体で［電磁石の強さ×巻き数］の散布図を協同でつくる。その散布図をもとに，電磁石の強さがコイルの巻き数によって変化することを話し合う。 【考察し結論を導く】 ・散布図をもとに，討論して，［電磁石の強さ×巻き数］の関係を言葉でまとめる。	■散布図をもとに，電磁石の強さとコイルの巻き数が比例関係（比例の学習は6学年）になると結論付けず，傾向性があることを討論しながら明らかにする。 ◆評　価 電磁石の強さは，コイルの巻き数によって変わることを，実験結果やグラフをもとに考察し表現している。

指導のポイントと子どもが思考・表現するための工夫

【実験で得られたデータを散布図に表し考察し表現する】

○第3次、1, 2時間目の活動では、変化させる要因はコイルの巻き数、それによって影響を受けるものとして電磁石の強さを実験する。

得られたデータは、グラフにプロットし散布図を作成する（図参照）。教科書では、実験時間の関係で50回巻きと100回巻きの2種類のコイルで測定して、その結果をもとに、コイルの巻き数と電磁石の強さの関係をまとめる指導事例が多い。

しかし、本事例では、コイルの巻き数を、50回から300回までの間で柔軟に設定して幅広くデータをとる方法にした。

一人で、数多くの種類の巻き数のコイルを用いて実験することは時間内では無理があるため、学級内でコイルの巻き数を分担して実験データを共有化して散布図を作成する。また、データ量が増えることで実験結果のより一般化が図れる。学級全体で実験データをあつめて、散布図に整理した後、その散布図をもとに解釈・討論を進める。

「コイルの巻き数を増やすと、電磁石の力が強くなった」「コイルの巻き数を2倍にすると、電磁石の力は強くなるけど2倍にならなかった」等と散布図と今回行った実験から、検証した結果をまとめることができた。また、「コイルの巻き数をもっと増やすと、もっと強くなるのかな」「コイルの巻き数を変えること以外に、電磁石を強くする方法はないだろうか」「コイルの強さがわかれば、コイルの巻き数を予測することができるかな」という疑問がでた。実験結果を散布図にして、電磁石のコイルの巻き数と電磁石の強さの関係を検証したことにより、新たな疑問を見いだし、科学的思考を深めることができた。

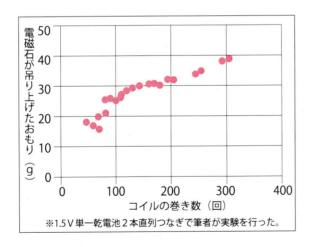

※1.5V単一乾電池2本直列つなぎで筆者が実験を行った。

A 物質・エネルギー 【物の溶け方】

❶ 単元の目標

　物の溶け方について興味・関心をもって追究する活動を通して、条件に目を向けながら、見出した問題を計画的に解決し、物の溶け方の規則性についての見方や考え方を養う。水温や水量と溶け方との関係や、全体の重さが変わらないことなど、科学的真理を導き出す。目に見えない世界を想像し、それを表現する活動を通して、抽象的思考力・表現力などを養う。

❷ 言語活動の充実と思考力・判断力・表現力の育成のポイント

　「粒子」の内容は、5年生では本単元で扱い、粒子の保存性について学習する。物の溶解の性質や規則性について、実験を通して一つずつ納得しながら学んでいく。このとき、一人一人に予想をたてさせ、自分なりの根拠を書かせる。根拠を書くことで、既習事項を想起しながら、思考力を深めることになると考える。

　実験は一つで完結するのではなく、一つの問題が解決されると、新たな疑問・課題が見つかり、子どもが次の実験をしたくなるようにつないでいく。実験方法を、実験班で相談して考えさせ、実践する活動を取り入れる。実験班という小集団で、実験方法や結果からの考察などを話し合うことで、論理的思考を伴う言語活動を充実させることができる。また、学習した溶解の特性や法則を一つずつ積み重ねていき、それを利用して次の問題を解決し、また新たな法則を導いていくように展開することで、思考力とともに問題解決能力の育成にもつながると考える。

　溶解の学習を進めていくと、粒子概念が形成されていないと理解が難しい場面が生じてくる。そこで、4年生の粒子関連の単元を思い出させながら、モデル図を描かせる活動を取り入れる。4年生の時は、水や空気を擬人化したイメージ図を描くことで、物質の性質を具体的に表し、理解を深めることにつながった。5年生の溶解においては、イメージ図から科学的な思考表現である粒子のモデル図に変換させ、抽象的な思考力と表現力をより深めていきたい。モデル化することで、目に見えない世界を想像し、化学変化や物質の三態変化などを粒子のレベルで理解する基となる考え方を育てることができる。

　また、班ごとに実験を考えたり、モデル図を作成させたりする活動では、違う班の子どもとも見合う時間をとる。互いに発表を聞き合うことで、他者の考え方の良さに気付いたり、現象を説明するのによりわかりやすい表現を工夫したりすることになり、子どもの思考力・表現力を育むことになる。

❸ 指導の計画（全14時間）

次	○学習活動　　　◆評価規準（科学的な思考・表現）
第1次 2時間	○いろいろな物を溶かし，溶けていく様子を観察する。 問題：物はどのように溶けていくのだろうか。 ○実験①：「氷砂糖がとけていく様子を観察しよう」 ◆シュリーレン現象に気づき，自分の言葉で現象を表現する。 ○実験②：「いろいろな物を溶かしてみよう」 ◆水に溶ける物と水に溶けない物を区別し，水溶液とは何かを把握する。
第2次 8時間	○水の温度や量による物の溶け方の違いを調べ，規則性を見いだす。 問題：物は水に溶けると，重さや体積はどうなるのだろうか。 ○実験③：「100mLの水に20gの食塩を溶かし，重さと体積を量ってみよう」 ◆重さは保存されるが体積は保存されないことに気づき，その理由を考える。 問題：決まった量の水に溶ける食塩の量は限界があるのだろうか。 ○実験④：「実験③の食塩水にあと何g食塩が溶けるか調べよう」 問題：溶け残った食塩を溶かすためにはどうしたらよいだろうか。 ○実験⑤：「実験④の食塩水の溶け残りを溶かそう」 　　方法：もっとかき混ぜる，細かく砕く，水の量を増やす，水を温める。 結論：一定の量の水に溶ける食塩の量には限界があり，溶け残りを溶かすためには水を増やすことが有効である。 ○実験⑥：「ホウ酸の溶け残りを溶かそう」 ◆ホウ酸と食塩を比較し，溶け方に違いがあることに気づく。 結論：ホウ酸は水に溶けにくく，水温を上げていくと急激によく溶ける。
第3次 4時間	○実験⑦：「実験⑥のホウ酸水をろ過してみよう」 ○析出してきたものを取り除く，ろ過の方法を習得する。 問題：ろ液にはホウ酸は含まれていないのだろうか。 ○班ごとに実験方法を考える。➡冷やす，蒸発乾固，重さを量る，顕微鏡 ○実験⑧：「自分たちで考えた方法でろ液をたしかめよう」 結論：ろ液にもホウ酸が含まれている。 ◆結果から考察し，論理的に結論を導いている。 ○ろ液の中に，ホウ酸はどのように存在しているのかモデル図で示す。 ◆溶解現象を用いて，溶質と溶媒をモデル化して表現している。 ○結晶をつくる。 ○実験⑨：「ミョウバン結晶をつくろう」 ◆温度による溶解度の違いの性質を活用してして結晶をつくっている。

❹ 授業づくりと指導の実際

● 第3次（第12時）の展開

◎子どもの活動　　○予想される反応	■教師の指導　　◆評　価
【問題をつかむ】 ◎前時，析出してきたホウ酸水をろ過した。 　　　　　　　↓ 　　　数日たっても何も析出してこない。 問題：ろ液にはホウ酸は含まれていないのだろうか。 　○予想：・何日たっても変化がないから，ろ液にはホウ酸は含まれていない。 　　　　・ろ紙を通過できるくらい小さな粒になってホウ酸は水の中に存在している。 【追究する】 　◎実験方法を考える。 　　①ろ液を冷やす。 　　②もう1回ろ過する。 　　③顕微鏡で観察する。 　　④重さと体積を比較する。 　　⑤ろ液を熱し水を蒸発させる。 　　⑥ろ液に食塩を溶解限界量入れる。 　　⑦リトマス試験紙で酸性かどうか調べる。 　◎自分たちで考えた方法で実験をする。  ［重さと体積の比較］  ［冷やす］	■温めて溶かしたホウ酸水は温度が下がってくるとすぐに析出してきたことを想起させる。 ◆思考・表現 ・温度と溶ける量を関係づけて考えている。 ・予想を基に班内の話合いに参加し立証できる実験を考えている。 ■各実験への指導 ①凍ってしまわないように注意。 ②ろ紙の目の粗さと，溶解しているホウ酸粒子の大きさに気付かせる。 ③顕微鏡（10×40）の倍率と，溶解しているホウ酸粒子を比較させる。 ④ろ液と同体積の水の重さと比較させる。 ⑤飛び散るホウ酸に注意（実験用安全メガネを使用させる）。 ⑥以前に実験で確かめている食塩の溶解の限界量を基に，「ろ液には何も溶けていないと仮定すると，食塩は限界量まで溶けるはずである」と考え，食塩の溶け残りが生じればろ液に何かが溶けていたと考える。 ⑦6年生の「水溶液の性質」の単元の内容になるので，発展的な方法として時間が余れば実験させる。

| 指導のポイントと子どもが思考・表現するための工夫 |

【前時にろ過したろ液を使って共通の疑問を取り上げ、問題解決を試みる課題の設定】

○前時、温度を上げたことによって完全に溶けたホウ酸が、時間の経過による温度低下によって白く、析出してしまった。これをろ過するときれいなろ液となった。その後時間が経過してもホウ酸は析出してこない。また、見た目にもただの水と変わらない。見た目だけで水と混同し、ろ過すると、溶けていたものが全て取り除かれて、水と同じになってしまい、ろ液には何も溶けていないと誤認識してしまう子がいる。
　一方、食塩での実験を思い出し、水と変わらないように見えても、その中には食塩が存在していることを理解している子もいる。理解度に差がある学級において、同じ事象を見ながら、違う見解をもつ仲間が互いの意見を聞き合う場を設定することで、より事象をしっかりと把握しようと思考し、また自分の考えを相手に理解してもらえるように主張しようとし、表現力の育成につながると考える。

【問題解決のための実験方法を考える活動（班内の話合い）の設定】

- 班内で、一人ひとりに予想を出させ、その根拠となる事例を挙げさせる。学級全体では発言しにくい子も少人数の集団の中で、自分の考えを根拠を持って述べるような場をつくる。
- 中心となり活発に意見を言う子がいる班は、他のメンバーが発言しにくい雰囲気になりがちなので、教師が話合いに参加し、「○○さんは、どう思いますか」と、発言を促す。
- 「もし○○だとしたら、□□になるはずだよ」というように、仮説から結論を導き、その道筋に沿った実験を考えるように促す。
- 実験方法は今までに習得してきた実験観察の方法を基に、どの器具を使い、どの法則を利用するのかを話し合いながら決めさせる。

【子どもが考えた実験方法で問題解決を図る活動の設定】

- 自分の知識を試そうとして、学校で習った知識や習得した実験方法以外の実験をしようとする子どもには、目的を確認し、課題を解決するためにわかりやすい実験をするように指導する。
- 孤立してしまう子どもには声かけをし、班のメンバー皆に役割があり、協力しないと実行できないような実験をするように提案する。
- 実験器具や操作することに興味を持ち、目的を忘れがちな子どもには、実験の目的を問い、予想を確認し、本時の活動に見通しを持たせるようにする。
- 自分たちで考えた方法であるので、意欲的に取り組む子どもが多く、実験中にも様々な気づきをし、溶解についての見方・考え方を深めていく。
- 実験途中でうまくいかない場面に遭遇したとき、班内で協力し、原因を考える。この時原因を究明しようとして、どの子も必死で思考を巡らせる。与えられた実験だと、教師に助けを求めがちであるが、自分たちで考えた実験方法であるので、子どもなりに責任をもって取り組んでおり、自分たちで解決しようと頑張るのである。このような場面において教師はできるだけ見守り、ヒントを示すことができるとよい。

●第3次（第13時）の展開

◎子どもの活動　○予想される反応	■教師の指導　◆評　価
【結果を整理する】 ◎実験結果をもとに班ごとに話合いをする。 ◎結果と考察をホワイトボードにまとめる。 　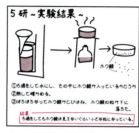 　班の考えをまとめる　　ホワイトボードを使って発表 【考察し結論を導く】 ◎班毎に実験結果と考察を発表する。（ホワイトボードを提示しながら） ◎他班の発表を聞き，疑問点は質問する。 結論：ろ液の中には，ホウ酸が含まれている。 問題：ろ液の中で，ホウ酸はどのような状態で存在しているのだろうか。 ◎班ごとに相談してモデル図を描く。 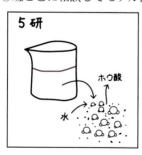　 ○ホウ酸の粒を全体に散らばらせて描く。 ○水の下の方にホウ酸の粒を描く。 ○ホウ酸の粒と，水の粒の両方を描き，水の粒の間にホウ酸の粒が入り込んでいるように描く。 結論：ホウ酸は目に見えないくらい小さな粒となり，水の粒の間に存在している。	■うまく結果が出なかった班には，失敗の原因を考えさせ，予測していた結果を報告させる。 ◆思考・表現 ・実験結果から，なぜそのようになったのか因果関係を捉えている。 ・班内の話合いに積極的に参加し自分の考えを発表している。 ■実験方法は異なっていても，結論は同じであることに気付かせる。 ◆思考・表現 ・水に溶け，姿は見えなくなってもホウ酸は存在していたことを説明している。 ◆思考・表現 ・粒子概念「物質は全て小さな粒の集まりでできている」を使って説明している。 ・溶質であるホウ酸だけでなく，溶媒である水も粒で表現している。 ・溶質のホウ酸の粒を下の方に多く存在させず，水全体に拡散しているように点在させて表現している。

指導のポイントと子どもが思考・表現するための工夫

【実験を振り返り，まとめをする活動の設定】

○自分たちで考えた実験をすると，実験そのものを楽しみ，目的を見失ってしまう子どももいる。そこで，しっかり，実験結果を振り返り，問題が何であったのか，実験結果から結論が導けるのかをじっくりと話し合い，まとめる活動が必要である。問題把握➡解決（実験・観察）方法を考える➡結果を得る➡考察➡結論という一連の流れの中で，意見交換を行い，友人と協力し，試行錯誤の結果，貴重なデータを得，そこから考察をするのである。結果がうまく得られなくてもその原因を考えることに意味がある。この一連の過程において論理的な思考が養われると考える。

また，自分たちの気づきや発見を，皆に知らせることが大切で，個人・グループの科学が学級の科学として高まる大切な活動である。

> ろ液を蒸発皿に入れ，アルコールランプで熱し，水を蒸発させる実験をしました。結果は，水が少なくなってくると，白い粉が出てきて，パチパチとはじけるように粉が飛び散りました。これは，ホウ酸だと判断しました。
> 結論は，ろ液の中には，ホウ酸は含まれていました。

> ろ液をメスシリンダーにとり，体積を計り，それからその重さを電子天秤で量る実験をしました。結果は，ろ液は48mlで，重さは51.5gでした。水は，48mlの重さは48gなので，51.5gとの差がろ液に含まれているホウ酸の重さだと判断しました。
> 結論は，ろ液の中には，ホウ酸は含まれていました。

○結果から，根拠を持って結論を導き，論理的に発表することによって，思考力・判断力・表現力の育成につながると考える。

【粒子モデルを考える活動の設定】

○この場面では，溶解現象を粒子モデルで表す試みをする。化学的な現象を説明するために，目に見えない世界を想像し，モデル図で考えることで，思考力が養われ，それを発表することで表現力も養われると考える。一人では考えつかないことでも，班で相談し，友人の意見を聞いているうちに，自分も納得して，粒子モデルが理解できるようになってくる。さらに，学級全体で見合うことで，ホウ酸の粒がどのような状態で水の粒の中に存在しているのか，よりよい表現へと変容していくことができる。

教師の手立てとしては，話し合いがスムースにいかない班には，他の班を見学することなど勧めたり，溶質であるホウ酸だけでなく，溶媒である水も粒で表現するようにヒントを出したりする。

B 生命・地球 【植物の発芽，成長，結実】

❶ 単元の目標

植物の発芽について興味・関心をもって追究する活動を通して，植物の発芽について条件を制御して調べる能力を育てるとともに，それらについての理解を図り，生命を尊重する態度を育て，植物の発芽についての見方や考え方をもつことができるようにする。

- ㋐ 植物は，種子の中の養分を基にして発芽すること。
- ㋑ 植物の発芽には，水，空気及び温度が関係していること。

❷ 言語活動の充実と思考力・判断力・表現力の育成のポイント

本単元は，植物を題材として生命の連続性について学習する，最初の単元になる。ここでは，条件を制御して実験を行い，植物の発芽に必要な条件を調べ，それらについての理解を深めていく。

第1次の導入では，植物の種子から芽や根が出ることを「発芽」ということをおさえ，これまでの生活科や理科の授業で植物を育ててきたことを振り返りながら，発芽の条件に目を向けさせる。そこで「種子は，どんな条件がそろうと発芽するのだろうか」という学習問題を設定する。この問題解決的な学習における思考力・判断力・表現力を育成するポイントは，条件を制御した実験にある。まず，条件を考え整理する必要がある。5年生にとって，この単元は条件を制御して実験を行う初めにもなるので，教師が条件の整理の仕方や条件を制御した実験方法を確認しながら，繰り返し指導していく必要がある。繰り返し行う中で，条件を制御する考え方が身についてくる。

第2次では，第1次の実験でわかった「養分がなくても発芽する」ということに疑問をもち，追究をする。そこで「発芽に必要な養分は，どこにあるのだろう」という学習問題を設定する。この問題解決的な学習における思考力・判断力・表現力を育成するポイントは，「種子は水だけで発芽した」ことや，発芽後の子葉の様子が変化していることをとらえさせ，発芽に必要な養分は種子の中に含まれていたのではないかと予想をもち，表現できるようにしていくことにある。

❸ 指導の計画（全7時間）

次	○学習活動　　　　◆評価規準（科学的な思考・表現）
第1次 4時間	○これまで，植物を育てた経験や植物について学習してきたことなどをもとに，植物の種子が発芽することについて，興味・関心をもつ。 ○「発芽」という言葉を知る。 **問題：種子は，どんな条件がそろうと発芽するのだろうか。** ○今までの経験などを基に，必要だと思う条件を予想したり仮説を立てたりして，話し合う。 ○話し合いをしながら，条件を整理する。 ○実験を行うときには，条件制御する必要性があることを知る。 ○実験の計画を立てる。 ◆植物の発芽の条件について予想や仮説をもち，条件に着目して実験の計画を立て，表などを使って表現している。 ○実験結果をまとめる。 ○発芽に必要な条件について文章や表で記述する。 ◆発芽の実験結果と条件を関係づけて考察し，自分の考えを記述している。
第2次 3時間	○発芽して少したった植物の観察をする。 ○変化した子葉の様子について話し合う。 ○発芽の条件では，水だけで発芽していたことを思い出す。 **問題：発芽に必要な養分は，どこにあるのだろうか。** ○発芽に必要な養分はどこにあるのか，予想を立てる。 ◆種子は水だけで発芽することから，種子の中には発芽に必要な養分が含まれているのではないかと予想をもち，理由を明らかにして文章などで表現している。 ○種子のつくりについて調べ，育った苗の子葉と比べる。 ○種子の中には，どんな養分があるのか調べる。 ○育った苗の子葉についても，同じように調べる。 ○実験結果をまとめる。 ○実験結果や観察したことから，発芽に必要な養分について考察する。

❹ 授業づくりと指導の実際

●第1次（第1・2時）の展開

◎子どもの活動　　○予想される反応	■教師の指導　　◆評　価
【問題をつかむ】 ◎植物を育てた経験や，3，4年生で植物について学習したことを振り返る。 ○種をまいて水をあげた。 ○水をあげないで枯れた。 ○季節と植物の成長に関係があった。 ◎「発芽」という言葉について知る。 問題：種子は，どんな条件がそろうと発芽するのだろうか。 【追究する】 ◎発芽に必要だと思う条件について，予想し理由を考える。 ◎必要だと思う条件について出し合い，話し合いをする。 ○種をまいた後に水をあげた。水は絶対に必要。 ○種は土にまいた。土も必要だと思う。 ○種をまいて，陽向に置いた。光も必要。 ○土の中は暗いから，光はいらない。 ◎話し合いを通して，必要だと考えた発芽の条件を確かめる実験方法を考える。 ○水について調べるには，水ありと水なしを比べれば分かる。 ○その他の条件は，同じにしておく。 ◎条件を制御して実験を行うことを知る。 ◎その他の条件についても，条件制御を意識して実験方法を考える。 ○調べたい条件だけを変えて，後は同じにすればいい。 ◎実験方法を確認し，実験の準備をする。	■植物を育てた経験などから，種子をまいて芽が出てきたことに注目させ，いつでも芽が出たか，放っておいたら芽が出るのか考えさせる。 ■種子から芽や根が出ることを「発芽」という。 ■子どもたちの考えた条件について，話し合いの中で整理していけるように支援する。 ■条件を制御して実験を行うことの必要性に気付かせ，水について調べる実験の方法を例に，実験方法を確認する。 ◆植物の発芽の条件について予想や仮説をもち，条件に着目して実験の計画を立て，表などを使って表現している。

指導のポイントと子どもが思考・表現するための工夫

【子どもの素朴概念を揺さぶり，今までの経験をふりかえられる導入の設定】

○子どもたちは，生活科でアサガオやミニトマトの種をまいて育てた経験がある。3年生，4年生の理科でも，植物について学んできている。「土に種をまき，水をあげていれば芽が出てくる。」その経験を思い出させ，発芽するには何が必要かを考えさせる。
　「水がなくても発芽するかな？」「冬の寒いときでも発芽するかな？」など，子どもの考えを揺さぶる声かけをしてみる。その中で子どもは，必要な条件があることに気付き，目を向けるようになってくる。
　当たり前だと思っていたことにも，そこには理由があるのだというものの見方ができるようにしていくことが，子どもの興味・関心を深めていく。

【個々が予想した条件を，話し合いを通してしぼり込み，実験計画を表にして表す活動の設定】

○条件を制御する実験では，まずその条件を整理していく必要がある。発芽の条件の場合，土や肥料，光といった条件を言う子どももいる。話し合いをしていく中で，子どもたちの条件に対する意識も高まってくる。
　この場合，教師の適切な助言も重要になってくる。例えば「土」には，光，水，空気など複数の条件が入ってしまっていることに気付かせ，一つずつの条件に分けて考えていくことの大切さを確認して学習を進める必要がある。
　条件を制御する実験では，「変える条件」（調べたいこと）と「変えない条件」を明確にして計画を立てる必要がある。実験の計画は，表などにすると分かりやすい。

実験例1　植物の発芽には，水が必要な条件かどうか調べる。

	水	空気	温度
A	あり	あり	A，Bとも，同じところに置く
B	なし	あり	
予想			

※どのような実験結果が出ると，どういうことがいえるか。自分の予想や仮説から実験結果を予想させることにより，見通しをもった実験ができる。

個々の予想を言語活動によって，クラス全体の妥当な仮説に高めていきましょう。

◎子どもの活動　　○予想される反応	■教師の指導　　◆評　価
【結果を整理する】 　◎それぞれの実験結果を観察し，整理して分かりやすくまとめる。 　実験例1　発芽に水は必要か。 　　（変えた条件…水　変えない条件…空気・温度） 　●結　果 | A　水あり	B　水なし | |---|---| | 発芽した | 初めと変わらない 発芽しなかった | 　◎結果を発表し，学級で確認する。 【考察し結論を導く】 　◎実験の結果から，発芽の条件には何が必要かを考え，まとめる。 　○実験1の結果から水が必要ということが分かった。 　　実験2からは，空気が……。 　　実験3からは，適度な温度が……。 　　このような結果から，種子が発芽するには，水，空気，適度な温度が必要だということが分かった。 　○肥料や光は無くても発芽していた。 　◎考察したことを発表する。 結論：種子が発芽するためには，水，空気，発芽に適した温度が必要である。	■結果を表にし，絵や言葉で表すようにさせる。 ■種子の状態などで，発芽しないグループがある可能性があるので，全体で実験結果を確認する。 ■土や肥料，光がなくても，発芽したことをおさえる。 ■問題を確認し，学習した言葉を使って，まとめるようにさせる。 ◆発芽の実験結果と条件を関係づけて考察し，自分の考えを表現している。 ■子どもから出てきた言葉を使い，結論をまとめる。

指導のポイントと子どもが思考・表現するための工夫

【実験の結果を表にして，種子の様子を言葉と絵で記録する活動と，全体で結果の確認をする時間の設定】

○条件を制御して行った実験では，計画の時だけでなく，結果を記録するときにも，何について調べたのかを意識させる必要がある。実験結果を記録させる際にも，○○について調べたので，変えた条件は○○，変えなかった条件は△△ということを記録させる。結果は，言葉と絵（スケッチ）で記録するようにし，視覚的にも結果をとらえられるようにする。
実験結果を全体で確認するのは，結果を一般化するためである。植物などを扱っている場合，期待する同じような結果にならないことがある。特に発芽の実験の場合，種子の質によって発芽するはずのものが，発芽しないこともある。また，水に沈めた種子が発芽してしまうことがまれにある。
この単元では，「発芽の実験結果と条件を関係づけて考察し，自分の考えを表現すること」がねらいとなっているので，実験結果を一般化することが一つの支援となり，より客観的に考えることができるようになる。
また，何かあったときのために，子どもたちが行う実験とともに，教師が予備として実験を行っておくことも必要になってくる。

【理由を明確にして考察をさせ，学習した言葉を使って発芽に必要な条件をまとめさせる】

○「考察を書きなさい。」というと，ただ結果を文章化して書く子どもが見られる。
大切なのは，この実験は何のために行ったのか，「学習問題」をもう一度確認させ，予想，仮説と照らし合わせる。その答えになることが実験から分かったかどうかを述べさせることである。
そのためには，上で述べたように，実験結果を整理し一般化して，より客観性をもたせ，考察する条件をそろえることが必要になる。
ここでは，「実験1の結果から○○ということが分かった。実験2の結果からは△△ということが分かった。実験3の結果からは□□ということが分かった。このような結果から，種子が発芽するためには，○○と△△と□□が必要である。」というようにまとめることができる。

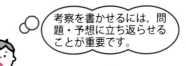

考察を書かせるには，問題・予想に立ち返らせることが重要です。

B 生命・地球 【天気の変化を調べよう】

❶ 単元の目標

雲の様子や量，動きについて調べ，天気の変化の仕方についての見方や考え方をもつ。
- ㋐ 雲の量や動きは，天気の変化と関係があること。
- ㋑ 天気の変化は，映像などの気象情報を用いて予想できること。

❷ 言語活動の充実と思考力・判断力・表現力の育成のポイント

本単元の第1次では，「なぜ，天気予報ができるのだろうか」という問題をつかめるように，行事や旅行の前日に天気予報を調べた経験について問いかけたり，元漁師の天気予報がよく当たるというニュースや天気にまつわることわざを紹介したりする。この問題解決における思考力・判断力・表現力を育成するポイントは，予想する場面での「概念・法則・意図などを解釈し，説明しあったり活用したりすること」，考察する場面での「観測結果を分析・評価して，説明・論述すること」，結論を導出する場面での「互いの考えを伝え合い，自らの考えや集団の考えを発展させること」である。

予想する場面では，「天気の変化と雲の様子の関係に着目して調べれば解決できるであろう」という追究への見通しをもてるように，一人一人が生活経験や学習経験を基にしながら問題について予想し，その理由を説明し合う活動を設定する。

考察する場面では，「時間が経つと天気が変化し，その要因として雲の様子や量が変わる」という共通性を見出せるように，グループごとに日付を変えながら4時間ごとに定点観察した空の雲の様子の写真を整理して提示し，一人一人が観察結果を分析したことを説明し合う活動を設定する。

結論を導出する場面では，「春の天気はおよそ西から東に変化するから，明日の天気予報をするには，西の地域の天気を調べたり西の空を観察したりすればよい」という問題についての結論を導けるように，まず，気象衛星からの雲画像・実際の空の写真・日本各地の天気・アメダスからの情報などを調べる活動を設定する。次に，気象衛星からの雲画像を時間ごとに整理して提示し，気象衛星の雲画像から分析した雲の動きの規則性について説明し合う活動を設定する。最後に，捉えた天気の変化の規則性を用いて，次の日の天気予報を行う活動を設定する。

第2次では，春以外の季節の天気の変化の規則性や台風の進路が不規則であることを捉えられるように，春以外の季節の雲の動き方や台風などの進路を調べる活動を設定する。また，台風が近付くと短時間で多量な雨が降ることを捉えられるように，雨量と被害等を調べる活動を設定する。このような子どもの意識に沿った問題解決の過程の学習活動を行うことで，思考力・判断力・表現力が育成されると考える。

③ 第5学年の理科授業　119

❸ 指導の計画（全11時間）

次	○学習活動　　　◆評価規準（科学的な思考・表現）
第1次 7時間	○天気予報を調べた経験や天気にまつわる言い伝えなどの資料を基に、気付いたことや疑問に思ったことを話し合い、問題「なぜ、天気予報ができるのだろうか」をつかむ。 **問題：なぜ、天気予報ができるのだろうか。** ○問題「なぜ、天気予報ができるのだろうか」について、学習経験や生活経験を基に予想し、調べる計画を立てる。 ◆時間が経つと雲の様子や量が変わり、その変わり方を予測できるということを予想の理由として発言したり、記述したりしている。 ○グループごとに日にちや時間を決めて、定点で雲の様子や量を観察しデジタルカメラで記録する。    ［定点観測の目印となる建物］　［ベランダに固定したカメラ］　［雲を観測する様子］ ○それぞれのグループの観察結果を基に分かったことや考えたことを、話し合ってまとめる。 ◆気象衛星からの雲画像と撮影した空の写真が同じように雲の形や量を変えていることを記述している。 ○1週間分の気象衛星からの雲画像を調べて記録する。 ○調べたことを基に分かったことや考えたことを話し合い、天気予報ができる理由についてまとめ、次の日の天気を予想する。 ◆春の天気はおよそ西から東に変化するという規則性を用いて、次の日の天気予報をしている。  ［天気の変化の規則性を説明する様子］
第2次 4時間	**問題：春以外の季節でも、天気予報ができるのだろうか。** ○問題「春以外の季節でも、天気予報ができるのだろうか」について、学習経験や生活経験を基に予想し、調べる計画を立てる。 ○春以外の季節の天気の変化や台風の進み方や被害などを調べ、新聞にまとめる。 ◆春以外の季節の天気の変化の特徴・台風の進路が不規則であること・台風で風速や降水量が増加することによる被害などについてまとめている。

❹ 授業づくりと指導の実際

● 第1次の展開

◎子どもの活動　　○予想される反応	■教師の指導　　◆評　価
【問題をつかむ】 ◎天気予報を調べたときの経験や天気にまつわる言い伝えなどの資料を基に，気付いたことや疑問に思ったことを話し合い，問題「なぜ，天気予報ができるのだろうか」をつかむ。 ○臨海学校や運動会の前日は，明日の天気が気になるから，天気予報を見るよ。 ○生き物や雲についてのことわざが多いな。 ○昔の人や漁師は，どうやって天気予報をしているのだろう。 ○天気予報ができるようになってみたいな。 問題：なぜ，天気予報ができるのだろうか。 【追究する】 ◎問題「なぜ，天気予報ができるのだろうか」について，学習経験や生活経験を基に予想し，調べる計画を立てる。 ○ことわざの中に雲がたくさんでてくるから，雲を見れば天気予報できるのかな。 ○天気が悪くなるときは雲が多いから，雲の量を見れば天気予報できるのかな。 ○天気が悪くなるときは黒い雲だから，雲の色を見れば天気予報できるのかな。 ○天気が悪くなるときは波のような雲だから，雲の形を見れば天気予報できるのかな。 ○雲の様子や量の変わり方には，何かきまりがあるのかな。 【結果を整理する】 ◎グループごとに，日にちや時間を決めて，定点で雲の様子や量を観察しデジタルカメラで記録する。 （下写真：グループの撮影例）	■雲の様子や量と天気が関係していることに気付けるように，天気にまつわる言い伝えや今も行われている漁師の天気予報の仕方についての資料を提示する。 提示したことわざの例 ・きれいな夕焼けは晴れ ・波のような雲は雨 ・ツバメが低く飛ぶと雨 ■学習経験や生活経験を基に，雲の様子や量と天気の変化との関係を予想し，調べる計画が立てられるように，快晴の空や雨雲の写真を提示する。 ◆時間が経つと雲の様子や量が変わり，その変わり方を予測できるということを予想の理由として発言したり，記述したりしている。 ■観測した時間ごとの雲の様子や量の特徴を記録できるように，時間ごとに，定点での雲の様子や量を記録できるプリントを用意する。

5月13日(金) 8:30

5月13日(金) 12:30

5月13日(金) 16:30

○朝は，雲が空一面にあってくもりだったけど，昼には，雲の量が減って晴れてきたよ。でも，夕方になると，また雲が増えてくもりになったよ。このことから雲の量は，一日の中で増えたり減ったりすることで天気が変化することが分かったよ。

指導のポイントと子どもが思考・表現するための工夫

○子どもたちは，気象衛星からの雲画像を本当に必要だと感じて用いているのだろうか。また，気象衛星からの雲画像を正しく読み取れているのだろうか。気象衛星からの雲画像を提示し，動画等で連続再生すれば，天気の規則性を捉えることは容易である。しかし，それを提示するタイミングを間違えると，実際の空の雲の様子を意欲的に観察できなかったり，気象衛星からの雲画像と実際の空を関係付けられなかったりするのではないだろうか。また，導入時にTVや新聞の天気予報を提示すれば，「天気予報をどのようにしているのだろう」という疑問をもつが，追究方法として，はじめから気象衛星からの雲画像を見ればよいと思うのではないだろうか。そこで，子どもたちが，実際の空の雲の様子を意欲的に観察し，気象衛星からの情報が必要だという意識をもてるように，問題を見出す場面・予想する場面・考察する場面において，以下のような働きかけを行う。

【子どもが気付いたことや疑問に思ったことを話し合う場の設定】

○この活動のポイントは，「天気予報をしてみたい」という意識になるように働きかけることである。そこで天気にまつわる話題や資料の提示の順番を工夫した。その順番は，以下の通りである。
❶「天気予報ができると便利だな」という気持ちをもてるように，旅行前日の気持ちを話し合う。
❷「なぜ，天気予報が当たるのだろう」という疑問をもてるように，漁師の天気予報がよく当たるというニュースを話題として提示する。
❸「昔の人や漁師のように天気予報をすることができるのではないか」という見通しをもてるように，天気にまつわることわざを提示する。
　このような順番で資料を提示したあとに，気付いたことや疑問に思ったことを話し合えば，子どもたちは，「天気予報ができるようになりたい」という意識をもち，問題「なぜ，天気予報ができるのだろうか」を把握することができるようになる。

【予想の理由を説明し合う場の設定】

○この活動のポイントは，「天気予報をするためには，雲の様子（色や量など）を観察すればよい」という追究への見通しをもてるように，働きかけることである。まず，問題についての予想をするよう促す。子どもたちの初めの予想は直感的なため，明確な理由をもてなかったり，TVや本を見て得た知識を理由にしたりすることがある。そこで，次に，予想の理由を説明し合う活動を設定する。その際に，予想の理由を学習経験・生活経験・共通体験（共通の資料）の3つの観点から考えるように助言する。そうすることで，子どもたちは，4年生で習った水の変化の学習・日常生活で見た雲の様子・ことわざ・漁師の天気予報などを理由として，お互いの予想を説明し合えるようになる。説明をする際には，子どもたちの説明を共有できるように，既習事項や雲の写真等を提示する。このようにすると，子どもたちは見通しをもって追究をすることができるようになる。

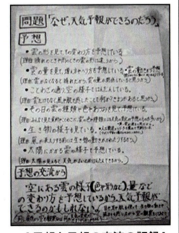

［予想と予想の交流の記録］

●第1次の展開

◎子どもの活動　○予想される反応	■教師の指導　◆評　価
【考察し結論を導く】 ◎それぞれのグループの観察結果を基に，分かったことや考えたことを話し合ってまとめる。 ○天気が晴れたり曇ったり，同じ天気は長く続かないな。晴れと晴れの間に曇や雨の日があるよ。 ○他のグループの写真を見ると，雲の量が増えたり減ったりするから，天気が変わるのは，時間が経つと雲の量が変わるからだよ。 ○他のグループの写真を見ると雲の形もいろいろだから，天気が変わるのは，時間が経つと雲の形が変わるからだよ。 ○雲の量や形が変わるのは，雲が動いているからだよ。 ○でも，この写真からだけでは，雲が動いているとは言えないよ。 ○気象衛星からの写真だ。ＴＶで見たことあるよ。 ○気象衛星からの雲画像も自分たちで撮った写真と同じように，雲の量や形が変わっていることが分かるよ。 ○雲の量や形は少しずつ変わるから，動いているのかもしれないな。気象衛星からの雲画像を時間の順番に並べれば，雲の変わり方がさらに分かりそうだな。 ◎1週間分の気象衛星からの雲画像を調べて記録する。 ○アメダスを見ると，雲の量と雨の量が関係しているのが分かるよ。 ○やっぱり雲が動きながら，量や形を変えているな。 ○雲が海から増えて，だいたい西から東に流れながら，消えていくのが分かるよ。 ◎調べたことを基に分かったことや考えたことを話し合い，天気予報ができる理由についてまとめ，次の日の天気を予想する。 ○雲はおよそ西から東へ移動するから，天気は西から東へ変化するのだな。 ○明日の天気予報をするのには，西の空の雲をみればよいのだな。 ○明日の天気予報をするのには，自分が住んでいる地域よりも西の地域の天気を調べればよいのだな。	■それぞれのグループが撮影した空の写真を基に，時間の変化による雲の様子や量の変化の共通性が見出せるように，グループごとに撮影した空の写真を時系列で並べて提示する。 ◆気象衛星からの雲画像と撮影した空の写真が同じように雲の形や量を変えていることを記述している。 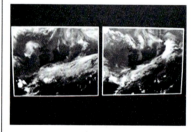 [提示した気象衛星からの雲画像] ■春の天気の変化を雲の動きと関係付けて記録できるように，同時刻の気象衛星からの雲画像やアメダスデータ，日本各地の天気の様子を1枚の紙にまとめて記録できるプリントを用意する。 ■天気予報ができる理由についての結論が得られるように，連続する3日間の同時刻の気象衛星からの雲画像と日本各地の天気の様子を時系列で並べて提示する。 ◆春の天気はおよそ西から東に変化するという規則性を用いて，次の日の天気を予報している。

指導のポイントと子どもが思考・表現するための工夫

【全てのグループの結果を時系列に並べて提示し，分析する活動の設定】

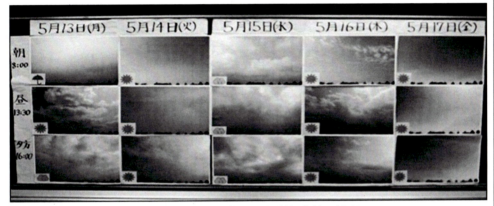

[時系列に並べて提示した学級全体の結果]

○この活動のポイントは，「どの写真の雲も時間が経つと雲の量や形を変えている」という結果の共通性を見出し，「気象衛星からの雲画像でさらに調べてみたい」という次時への見通しをもてるように働きかけることである。そこで，まず，全てのグループの結果を時系列に並べて提示し，一人一人が観察結果を分析する活動を設定する。次に，一人一人が見付けた天気の変化の規則性を説明し合う活動を設定する。分析したことを説明し合う際には，縦軸（朝・昼・夕方）・横軸（日付）のどの視点で分析したのか，どの写真と比べたのかを説明するよう促す。様々な考えが出るが，結果から言える確かな事実をまとめていくこと

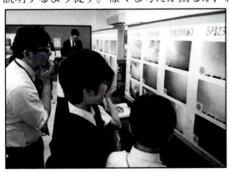

[一人一人が分析する様子]

[分析したことを説明し合う様子]

が大切である。例えば，「雲が動いている」という考えも出るが，「雲の動きは写真から証明できない」という考えも出てくる。このように説明し合うことで，結果の共通性を導いていく。ところが，この結果の共通性だけでは，天気予報をすることができない。そこで，最後に気象衛星からの雲画像を提示し，「気象衛星からの雲画像が必要だ」という意識をもてるようにする。このようにすると，子どもたちは，気象衛星と実際の雲を関係付けながら追究し，結論へ向かうことができるようになる。

④ 第6学年の理科授業

A 物質・エネルギー 【てこのはたらき】

❶ 単元の目標

　てこの規則性をいかした生活に使われている道具（ハサミ，釘抜き，栓抜き）や，てこの使い方に興味・関心をもちながら追究する活動を通して，てこの規則性について推論する能力を育てる。また，てこについての理解を深め，てこの規則性についての見方や考え方をもつことができるようにする。

- ㋐ 水平につり合った棒の支点から等距離に物をつるして棒が水平になったとき，物の重さは等しいこと。
- ㋑ 力を加える位置や力の大きさを変えると，てこを傾ける働きが変わる。また，てこがつり合う時にはそれらの間に規則性があること。
- ㋒ 身の回りには，てこの規則性を利用した道具があること。

　てこは，小さな力で，重いものを動かしたり，持ち上げたりすることができる。また，てこのつり合いを利用すれば，物の重さを比べたり重さを量ったりすることもことができるなど，日常生活での応用を含めた広がりのある学習活動を展開させたい。

❷ 言語活動の充実と思考力・判断力・表現力の育成のポイント

　本単元では，支点，力点，作用点，つり合い等の科学的な言葉や概念を使いながら学習を進める。これら概念学習を単元の最初に正しく理解させることが大切である。その結果，実験結果を正確に整理し説明することができ，てこの規則性についての見方や考え方ができるようになる。

　てこの特徴は，小さな力で大きな力を発生させたり，小さな力で仕事をしたりすることである。「てこの原理を利用した身近な生活用具をみつけた。」「なぜそれが小さな力で効果的な仕事ができるのか。」等について科学的概念や言葉で説明させることが言語活動の充実につながる。

　具体的には，実験用てこを使った実験結果をもとに力点，支点，作用点などの科学的概念や言葉を使いながら，支点からの距離とおもりの重さの関係の規則性を説明させる。この時に，変える条件と変えない条件を整理して実験を行うことが大切である。力点につり下げたおもりを固定し，作用点のおもりについては，① おもりの重さを変えて，おもりの位置は固定する，② おもりの重さは固定しておもりの位置を変える…の2通りの実験をおこない支点からの距離とおもりの重さの関係を【おもりの重さ】と【支点からの距離】に視点をあてて考察させ表現させる。

④ 第6学年の理科授業　125

❸ 指導の計画（全9時間）

次	○学習活動　　　　◆評価規準（科学的な思考・表現）
第1次 3時間	○てこのはたらき 　・てこを使って，重い物を持ち上げる。 　・支点，力点，作用点について知る。 　・支点からの距離と力点の手ごたえがどのように変わるか調べる。 ◆思考・表現 　てこのはたらきについて，変える条件と変えない条件を決めて実験を行い，支点，力点，作用点の言葉を使って，てこの規則性を説明している。
第2次 3時間	○てこのつり合い 　・実験用てこを使い，てこの傾きとおもりの重さやおもりの位置に関して，実感を伴う体験を実施した後，おもりの位置やおもりの重さを数量化し，科学的概念を用いて「てこのきまり」として整理する。 　（例）作用点を動かさないで，力点と支点の距離を長くすると，力点側に傾く。 　・てこが水平につり合う時の規則性についてまとめる。 　　①おもりの重さを変えて，おもりの位置は固定する。 　　②おもりの重さは固定しておもりの位置を変える。 　（例）実験用てこが，つり合う時は，【おもりの重さ】と【支点からの距離】の積が等しくなる。 ◆思考・表現 　てこがつり合う時の規則性について，おもりの重さと支点からの距離の関係の規則性をまとめる。また，その規則性を活用し，実験用てこをつり合わせている。
第3次 3時間	○天秤ばかりを作ろう（課題解決） 　・身近にある材料をもとに，簡易天秤ばかりを製作する。 　　ここで扱う簡易天秤ばかりは，25ｇより重いか，軽いかを同定するだけの簡易的なものとする。 ◆思考・表現 　てこの性質を活用したはかりを製作し，試料の重さを科学的な理由をもとに同定している。 ＜思考表現の具体的な内容＞ 　・科学的な根拠をもとに天秤ばかりの設計図を書く。 　・科学的に筋道だった根拠を示して，試料の重さを同定する。

❹ 授業づくりと指導の実際

● 第2次（第3時）の展開

◎子どもの活動　　○予想される反応	■教師の指導　　◆評　価
【問題をつかむ】 ◎ てこがつりあうときのきまりを実験を通して考える。 問題：実験用てこがつり合うときに，どのようなきまりがあるだろか。 【実感する】 ◎実験用てこの片方の腕におもり（300 g）を固定し，もう一方の腕を支点からの距離を意識させながら腕が水平になるように指で押して，手ごたえを言語化する。 ◎おもりの位置，おもりの重さを変えながら，てこの規則性について予想や仮説をもち調べる。 【追究する】 ◎実験用てこのうでの位置，おもりの重さを数値化して整理する。 【結果を整理する】 ◎実験用てこの左うでのおもりの位置と重さを固定する。 　①右うでのおもりの重さは変えずに，位置だけを変える。 　②右うでのおもりの位置は変えずに，おもりの重さを変える。 【考察し結論を導く】 ◎てこのつり合いの条件は，支点からの距離とおもりの重さに関係する→支点からの距離とおもりの重さの積（距離×重さ）が等しい時にてこはつり合う（実験用てこのうでは水平になる）。	■実験用てこにおける，支点，力点，作用点がどれに該当するか明確にして，てこに関する科学的概念を用いながら実験結果を整理するように指導する。 ■実験用てこが，つりあわない場合は，うでの傾きに注目させる。その際，力がどの程度かかっているかを実際に体感し言語化する（傾きが大きい時は力点には大きな力をかける必要があることを体感で感じ取り記述する）。 ■変えるものと，変えないものを整理して，実験を行い数値化し定量的に実験結果を整理する。 ■実験結果を数量化してまとめ，てこの規則性を推論させる。 ◆評　価 実験結果を基に，てこの規則性を推論する。

指導のポイントと子どもが思考・表現するための工夫

【体感したことを言語化し，それを基に実験を行い，量的に処理する。】

○ここで行う実験は，てこのつり合い条件が「おもりの重さ」と「支点からの距離」の積が等しいことを調べる実験である。予定されている実験を，順序良く行えばだれもがきれいな結果が出る実験である。そのために，教師は，ワークシートや実験観察シートを準備し，子どもはそこに実験結果を記入しつり合い条件としてまとめるような，よく見られる授業が展開される。

　この実験は，正確に再現性が可能になる実験である。また，その結果からは，非常にきれいな量的な結果がでる。

　結果に関しては，誤差もなく，どの子どもも同じ結果になるため，このような実験でこそ体験を言語化し，その言語化されたものをもとにグループ内でそのことについて言語的な交流を活発にしながら考えを深めていくようにしたい。

❶ **実験結果から得た実感を言語化する**
　①おもりの位置を変えないで，手で押してつり合わせると……
　　支点からの距離が長くなると，押さえる力が少なくなる。
　②おもりの位置を支点に近づけていくと……
　　手（位置を変えない）で押さえる力が少なくなる。

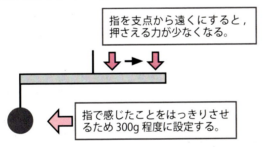

指を支点から遠くにすると，押さえる力が少なくなる。

指で感じたことをはっきりさせるため300g程度に設定する。

❷ **実感を量的に調べて科学的な解釈へと高めていく**
　手で感じる力は，感覚的なものであり，本来ならばおもりの重さと同じ力で押しているものが，あたかも軽くなっているように感じる。そこで，腕の長さ，おもりの重さを量的にして，主観的な感覚情報を客観的な量的な科学的解釈へと高めることが大切である。

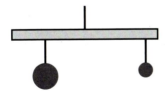

【支点からの距離】と【おもりの重さ】の積は左右で等しくなれば天秤がつり合う。

● 第3次（第1～3時）の展開

◎子どもの活動　○予想される反応	■教師の指導　◆評　価
【問題をつかむ】 ◎単元を総合した活用課題を自力解決する。 　＊課題は右ページを参照 問題：身近にある材料をつかって，資料が25g以下かそれ以上の重さかを調べるための，天びんばかりを作ろう。 【追究する・製作する】 ・てこのつり合い条件をつかって自由試行する。 ・1cm角の角材のほぼ中心（角材の長さの1／2は角材の重心ではないため，ほぼ中心といった表現にしている）を支点にして，「支点からおもりまでの長さ」と「おもりの重さ」の積を計算して製作する。 【代表的な考え方】 ①25gおもりを天秤ばかりの両端につける。その後，片方のおもりの代わりに試料をつけて釣り合いを調べる。天秤ばかりの釣り合いや傾きを見て25gよりも重いか軽いかを同定する。 ②最初に何もつけない状態で，天秤ばかりを釣り合わせ，重心に釣り下げ紐を固定する。その後，試料を片方の端につけ，25gに調整したおもりを移動させて釣り合せる。釣り合った状態で重心からの距離aとbの長さを測る。図の例では，a＜bなので，試料は25gよりも軽いことが言える。 【考察する・試料を同定する】 サンプルA，Bを同定（25gよりも重いか軽いかについて同定する）し，その根拠を記述する。	■1，2次で学習したことを活用して自力解決させる。 ■身近な材料を使って，封筒の重さが定型外（25g以上の重さ）になっているかどうかを判定する天秤ばかりを製作させる。25gでつり合うように。天秤秤のおもりの重さや支点からの長さを調整すればよいことを指導する。 ■角材の中心（長さの1/2）はてこの重心ではないことに留意する。 ■封筒をはさむクリップや洗濯バサミにも重さがあることに留意させる。 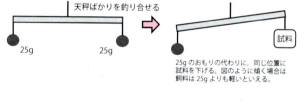 天秤ばかりを釣り合せる 25gのおもりの代わりに，同じ位置に試料を下げる。図のように傾く場合は試料は25gよりも軽いといえる。 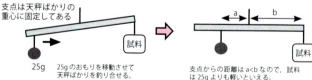 支点は天秤ばかりの重心に固定してある 25gのおもりを移動させて天秤ばかりを釣り合せる。 支点からの距離はa＜bなので，試料は25gよりも軽いといえる。 ◆評　価 てこの性質を活用したはかりを製作し，試料の重さを科学的な概念を用い根拠をもとに同定している。

指導のポイントと子どもが思考・表現するための工夫

【単元の最後に課題を設定して，その課題を解決する過程で問題解決力，それを表現する言語表現力を育成する。】

○子どもが解決したいという，リアルな状況を考え課題を設定した。子どもの自由試行を重視する課題とする（図）。天秤ばかりの材料は身近にあるものに限定したため，測定可能重量は25g程度と軽くした。また，本単元で学習した科学的概念を活用させるために，おもりとなる1円硬貨は5枚以内とした。実際に使用した材料は，クリップ，1㎝×1㎝角材，紐，1gのおもりの代用として1円玉，25gの重さに調整した封筒（製作した秤を調整するため）等の身近な材料と，5g，10gのおもり等である。

この課題は，てこの性質の学習で学んだ科学的概念の活用を重点に設定してある。科学的概念を発見することは既に，学習済みであるので，この課題では主に活用に視点をあてた内容としている。

この様な，活用が中心となる課題解決では，こども同士での情報交換が活発になったり試行錯誤を繰り返したりするうちに習熟度に関わらず活動の状況が活発化する。

特に，筆者の経験では，一般的に学習の習熟が低い集団に位置する子どもの学習活動への参加意識が高くなった。

これは，①子どもが課題解決のための知識を既に有している。② 課題そのものが学習内容を関連づけ，再構成する内容構成になっているため，③どの子どもにとっても，見通しがたちやすい，等が要因として考えられる。

いずれにしても，学習のまとめとして，単元を俯瞰した活用を中心とした課題を取り組むことで，子どもの言語活動はより活発化し，科学的な思考力を育成すると考える。次期学習指導要領のテーマになっているアクティブラーニングへ適用できる課題である。

【てこのはたらき やってみよう】（課題例）

手紙の料金は，25g以上になると，定形外の料金になり82円では送ることができません。そこで，身近な材料を使って手紙の重さが，25g以上になっているかどうか（定形外なのかそれとも82円で送れるのか）を調べるための簡単な秤を作りたいと思います。なお，秤を作るためのおもりとして1円玉（1g）を使います。

[課題1]
　秤の設計図を別紙に書きなさい。その時に，長さ，必要な寸法や1円玉の個数，吊り下げる位置を図に書きなさい。

[課題2]
　課題1の図に記入した，寸法や1円玉の枚数，支点からの位置などを決めた理由を書きましょう。

[課題3]
　実際に，サンプルA，Bの手紙を自分の作った秤で調べ，25gよりも重いか軽いかを調べ，その理由も書きましょう。
　①サンプルA　25gよりも重い・軽い（理由）
　②サンプルB　25gよりも重い・軽い（理由）

A 物質・エネルギー 【燃焼の仕組み】

❶ 単元の目標

物を燃やし，物や空気の変化を調べ，燃焼の仕組みについての考えをもつことができるようにする。

- ㋐ 植物体が燃えるときには，空気中の酸素が使われて二酸化炭素ができること。

❷ 言語活動の充実と思考力・判断力・表現力の育成のポイント

本単元では，植物体が燃えるときの仕組みを考える学習である。しかし目には見えない空気や気体を扱うため，限定をかけた実験を行って，得られた結果からどのように考えたらつじつまが合うのか，一つずつ考えていく必要がある。これが第6学年で育成しなくてはならない能力の推論にあたる。

第1次では，閉じられたびんの中でろうそくを燃やし，やがて火が消えていく事象に触れさせる。「体験から感じ取ったことを表現する」ことに重点が置かれる。閉じられたびんの中での現象であるので，空気が関係しているのではないかと考えられる。それを調べるために，「課題について，構想を立てて実践し，評価・改善する」ことが大切となる。ふたを取ると燃焼の継続ができる，底なしのびんを用いて空気の出入り口を確保すれば継続できる，びんの大きさによって燃焼時間に違いが出るなどの実験結果から，びんの中でろうそくが燃え続けるには新しい空気が必要であるという考えにつながっていく。

第2次では，空気が混合物であることを知らせ，その組成を調べることから始まる。知識として知らせる部分は教えないとならない。特にこの次では「事実を正確に理解し伝達する」ことが求められる。単体の気体の中でろうそくを燃やすことにより，どの気体に物を燃やす働きがあるのか調べることになる。実験結果から，酸素には物を燃やす働きがあり，二酸化炭素と窒素には物を燃やす働きがないという考えにつながっていく。

第3次では，再びびんの中での燃焼に戻して調べることになる。そして，酸素や二酸化炭素の組成割合を燃焼の前後で調べることになる。「情報を分析・評価し，論述する」「互いの考えを伝え合い，自らの考えを集団の考えに発展させる」ことに重点が置かれる。目では見えない現象を，実験結果を表やグラフ，モデル図などを用いて表現し，びんの中で起きている現象を推論し，そして解釈することによって結論を導くことが最大の思考力となる。また，スチールウールを燃焼させた時との結果の違いから，植物体とそれ以外の燃焼の規則性を導き出す。

❸ 指導の計画（全10時間）

次	○学習活動　　　◆評価規準（科学的な思考・表現）
第1次 3時間	○びんの中にろうそくを入れ，ふたをしてろうそくが燃える様子を観察し，何が原因で消えてしまうのかを考える。 問題：びんの中でろうそくが燃え続けるには，何が必要であろうか。 ○ろうそくが燃え続けるには何が必要であるかを考え，その予想に沿って実験計画を立てる。 ○消えそうになったびんのふたを開けてみたり，大きさの違うびんの中で燃やしてみたり，底なしのびんを用いて燃やしてみたりして，空気の出入りとろうそくが燃え続けることに関係があることを調べる。 ○結果を考察し，ろうそくが燃え続けることに新しい空気が入ることに関係があることを見いだす。 ◆実験結果から，ろうそくが燃えるときには新しい空気が必要であるという考えを導き出し，それを表現している。
第2次 2時間	○混合物である空気の組成を調べる。 問題：空気中のどの気体に，物を燃やす働きがあるのだろうか。 ○それぞれ単体の気体の中でろうそくを燃やし，その様子を調べる。 ○酸素の中では，物が激しく燃える様子が見られ，二酸化炭素と窒素の中では，物が消えてしまう様子を観察する。 ○実験結果から，どの気体に物を燃やす働きがあるのか考える。 ◆単体の気体でろうそくを燃やした実験により，どの気体に燃やす働きのあるか考え，表現している。
第3次 5時間	○第1次での実験結果と第2次での実験結果を考え合わせ，空気中で物が燃えるにはどのような気体の変化が起きているのかを考える。 問題：物が燃える時には，びんの中でどのような変化が起きているのだろうか。 ○びんの中での，ろうそくを燃やす前と後での酸素の割合と二酸化炭素の割合を気体検知管を用いて調べる。 ○実験を行い，その結果を表やグラフに表す。 　どのように解釈をしたら物が燃えるという事象を説明することができるか，表やグラフ，モデル図などを用いて考え，説明し合い，結論を導出する。 ◆実験結果を分析・評価し，話し合いを基に物が燃えるときのきまりについて推論している。 ○植物体以外のスチールウールなどを燃焼させて，物が燃えるときのそれぞれの気体の変化について調べる。

❹ 授業づくりと指導の実際

● 第3次（第7・8時）の展開

◎子どもの活動　　○予想される反応	■教師の指導　　◆評　価
【問題をつかむ】 ◎閉ざされているびんの中でろうそくを燃やすといずれ消えてしまうことから問題をつくる。 問題：物が燃える時には，びんの中でどのような変化が起きているのだろうか。 ◎今までの学習で分かったことをまとめる。 ○新鮮な空気がないと，燃え続けることはできない。 ○空気中には約21％の酸素があり，多くは窒素が占めていて，二酸化炭素はほとんどない。 ○空気中の酸素と二酸化炭素をモデル図に表すとこのようになる。 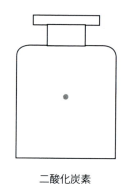 　　　酸　素　　　　　　二酸化炭素 ○酸素は，物を燃やす働きがある。 ○二酸化炭素と窒素は物を燃やす働きがない。 【仮説を立てる】 ◎空気中で物が燃えるときの仮説を立てる。 ○仮説：物が燃える時には，酸素が使われるであろう。 ○仮説：物が燃える時には，二酸化炭素は使われないであろう。 【追究する】 ◎ろうそくを燃焼させる前と後の酸素及び二酸化炭素の組成割合を調べる。	■第1次で得られた結論と第2次でえられた結論を基に，閉じられた空間の中での燃焼について変化を予想できるようにする。 ■どの実験から，このことが言えるか明らかにしておく。 ■目に見えない物をモデル図という方法で見える形にする能力を培う。 ■誰でも分かるように，割合とモデル図で使う粒の数は同じにするようにする。0.1％に関しては，粒の大きさで表現するようにする。 ■窒素に関しては，不活性ガス（変化しない気体）ということを指導する。 ■第2次のどの実験から分かるのか根拠を明らかにした仮説を立てるように助言する。 ■気体検知管の使い方と安全確認をする。

指導のポイントと子どもが思考・表現するための工夫

【今までの学習で分かったことを整理し，問題を設定】

 空気の出入りがないと物は燃え続けられなかったよね。

 酸素の中で物を燃やすと，物は激しく燃えたよ。酸素には物を燃やす働きがあるんだね。

 物が燃えるには新しい空気が必要だということになるね。

 二酸化炭素の中で物を燃やすと，あっという間に消えてしまったよ。物を燃やす働きはないな。

○酸素や二酸化炭素，単体の気体の中で物を燃やした学習経験を基に，空気中での物の燃焼の仕組みがどのようになっているか考えることを問題にする。
○この段階で酸素と二酸化炭素の組成割合をモデルに表す技能を身に付けさせておくことにより，後の酸素や二酸化炭素の変化が分かりやすくなる。

【根拠を明らかにした予想や仮説の設定】

○今までの実験の結果を整理し，根拠を明らかにした仮説を立てる。

 空気は，いろいろな気体が混じっていたよね。酸素の中で物を燃やしたときのことを考えてごらん。

 酸素は物を燃やすはたらきがあったから，使われるだろう。

 二酸化炭素の中で物を燃やしたときは，どのような様子だったか思い出してごらん。

 二酸化炭素は物を燃やすはたらきがなかったから，使われないだろう。

【物を燃やす前後の酸素と二酸化炭素の割合で考えさせる】

○物を燃やした後の酸素の割合は，どのようになるのかについて考える。児童は，酸素が全てなくなるから消えると考えることが多い。実際には，酸素の濃度が下がることによって物の燃焼の継続ができなくなる。また酸素が少なくなった分，びんの中の全体の空気がどうなるのか考えさせる。

◎子どもの活動　○予想される反応	■教師の指導　◆評　価
【結果を整理する】 ◎物を燃やす前と後の酸素，二酸化炭素の割合を表に整理する。さらにグラフやモデル図に表す。 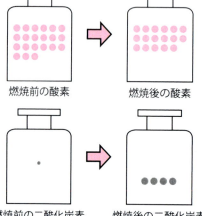 燃焼前の酸素　　　燃焼後の酸素 燃焼前の二酸化炭素　燃焼後の二酸化炭素	■燃焼の前と後の酸素の割合の数値を表やモデル図で表す。 ■同時に帯グラフなどを用いて数値でも指導する。 ■燃焼の前と後の二酸化炭素の割合の数値を表やモデル図で表す。 ■同時に帯グラフでも違いを見るように指導する。
【考察し結論を導く】 ◎二酸化炭素が増えた割合と酸素が減った割合を再確認し，同じモデル図に書き表す。 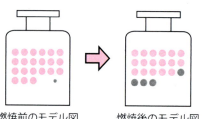 燃焼前のモデル図　　燃焼後のモデル図	■酸素と二酸化炭素の割合を同じモデル図に表し，空気の中でどのような変化が起きたのか推論しやすい状況をつくる。 ■同時に帯グラフなどを用いて数値でも指導する。
○モデル図から，酸素は減って二酸化炭素は増えているのが分かる。 ○モデル図から，酸素と二酸化炭素の合計の割合はほとんど変わっていない。 ○物を燃やしているときに，空気が出入りした様子は見られない。 ◎空気の出入りがないことから，どのように考えたら二酸化炭素が増えて，酸素が減ったのか考えるのか推論する。 結論：物が燃えるときには空気中の酸素が使われて，二酸化炭素ができる。	■結果から分かることを整理して，気体の変化が顕在化できるようにする。 ◆物が燃えるときに，酸素が使われ二酸化炭素ができたと説明すると，つじつまが合うと推論している。

④ 第6学年の理科授業　135

指導のポイントと子どもが思考・表現するための工夫

【数値を表やグラフ，モデル図などで表す】

○結果を表やグラフ，モデル図に表し，物が燃えた現象を気体の変化でとらえられるようにする。

	酸素	二酸化炭素
物を燃やす前	21%	0.1%
物を燃やした後	17%	4%

（燃焼前・燃焼後の酸素の割合のグラフ：酸素が減る）

（燃焼前・燃焼後の二酸化炭素の割合のグラフ：二酸化炭素が増える）

・燃えた後は酸素が減り，二酸化炭素が増えているよ。

・表にしても，グラフにしても，モデル図にしても，酸素が減って，二酸化炭素が減る様子が分かります。

【どのように考えたらつじつまが合うのか考えさせる】

○酸素と二酸化炭素をモデル図の中に同時に表すと，物が燃える時に酸素と二酸化炭素を合わせた数値はほとんど変わらず，酸素が減り，二酸化炭素が増えている様子が見られる。このことを根拠に酸素が二酸化炭素に変化したと考えると説明できるように教師が支援する。

・酸素と二酸化炭素の全体の数はほとんど変わっていないよ。

・物が燃えている時に，酸素がびんの中かで出ていき，二酸化炭素が入っていく様子は見られなかったよ。

・物が燃えるときに，酸素が変わったと考えると，説明できるかな。

○燃焼という目に見えない現象に伴う化学変化を，実験結果から推論することが本単元における思考力につながる。

【問題に正対した結論を導き出す】

○問題を振り返り，何を調べるために実験を行ったのかを意識して結論を導き出すようにする。
※なお酸素が二酸化炭素に変化する事象は，植物体の燃焼であることを確認したい。

参考文献：梶田叡一・加藤明『改訂　実践教育評価事典』文溪堂　2010
　　　　　㈶総合初等教育研究所『思考力・表現力を伸ばす』文溪堂　2012

B 生命・地球 【植物の養分と水の通り道】

❶ 単元の目標

　植物の体内の水などの行方や葉で養分をつくる働きについて興味・関心をもって追究する活動を通して，植物の体内のつくりと働きについて推論する能力を育てるとともに，それらについての理解を図り，植物の体のつくりと働きについての見方や考え方をもつことができるようにする。

❷ 言語活動の充実と思考力・判断力・表現力の育成ポイント

　本単元の第1次は，栽培してできた新しいジャガイモの中にデンプンがあることを調べる活動を通して，「新しいジャガイモにあるデンプンは，どこでつくられたのだろう」という学習問題を設定した。この問題解決における思考力・判断力・表現力を育成するポイントは，「既習経験や既習内容を根拠として予想・仮説を立てること」，「実験結果からデンプンがどこでつくられたかを考察すること」である。児童は，第5学年での学習から日光が成長に必要であることを学習している。ここでは，植物は，「どこで，どのような栄養を，どのようにしてつくっているのか」と考えを深めさせていくことが大切である。そして，日光が当たっている葉と遮光した葉とで比較し，日光の当たっている葉でデンプンがつくられていることという見方や考え方をまとめることで，思考力・判断力・表現力が育成できる。

　第2次では，児童に植物が吸収した水がどこを通って，どこにいくのかを意識させ，「水は植物の体内のどこを通っているのだろうか」という学習問題を設定した。この問題解決における思考力・判断力・表現力を育成するポイントは，「先行経験や既習内容を根拠として予想・仮説を立てること」である。児童は，これまでの経験や既習内容から植物にとって水が必要なことは理解している。それを，植物の体内には水の通り道があるのではないかという推論ができるようにする。そのために，植物を入れた花瓶の水が減っていくことを通して植物が水を吸収することを振り返えさせたり，植物の茎や葉を切って水がしみ出してくる現象，植物の葉脈や切った断面の観察をしたりする。これにより植物の体内に取り入れられた水の行方や働きについて推論をすることができ，思考力・判断力・表現力が育成できる。

　第3次は，植物の体内を通った水の行方を推論する。第2次で，植物の体内を通った水が，葉の隅々まで届いていることから，「水は，植物の体内を通り，外に出ているのではないか。」という問題を設定した。葉だけでなく，枝などからも水が出て行くことが考えられることから，葉を付けた枝と葉をとった枝に透明な袋を被せ，植物の体から出て行く水の行方を確かめていく。透明な袋の下部だけではなく，袋の全体に付いた水滴から，多くの水は，葉から水蒸気になって植物の体外に出て行くと推論でき，これにより根から吸い上げられた水が，植物の体内を通り，空気中に蒸散されるのではないかという推論ができ，思考力・判断力・表現力を育成することができる。

❸ 指導の計画（全6時間）

次	○学習活動　　　　◆評価規準（科学的な思考・表現）
第1次 4時間	○新しくできたジャガイモの中には何があるのかを調べる。 問題：新しくできたジャガイモにあるでんぷんは、どこでつくられたのだろう。 ○でんぷんがつくられる場所の予想や仮説をもつ。 ○日光に当てた葉と日光を当てない葉を比べるように実験の計画を立てる。 ○遮光した葉とそうでない葉で対照実験をして、日光の当たっている葉ででんぷんをつくっていることを調べる。 ○実験の結果から、どこででんぷんがつくられるのかについて考察する。 ○結果を考察し植物の葉に日光が当たるとでんぷんができるという見方や考え方をもつ。 ◆思考・表現 日光とでんぷんのでき方との関係について仮説をもち、推論しながら追究し、表現している。
第2次 2時間	○花がさしてある花びんの水が少なくなっていることについて話し合う。 問題：水は植物の体内のどこをどのように通っているのだろうか。 ○問題に対する予想や仮説をもつ。 ○観察の計画を立てる。 ○ホウセンカを着色した水を吸わせ、茎や葉に水の通り道があることを調べる。 ○観察の結果から、水が植物の体内のどこを通っているのかについて考察する。 ○水は、植物の根、茎及び葉を通っているという見方や考え方をもつ。 ◆思考・表現 植物の体内の水などの行方について、自ら行った実験の結果と予想や仮説を照らし合わせて推論し、自分の考えを表現している。
第3次 3時間	問題：根から吸い上げられた水は、植物の体内にある通り道を通ってどこにいくのだろうか。 ○水の行方について予想や仮説をもつ。 ○観察の計画を立てる。 ○葉に透明な袋を被せて、葉から蒸散していることを調べる。 ○観察の結果から、植物の体内を通った水の行方について考察する。 ○根から吸い上げられた水は、主に葉に行き、葉から蒸散されると言う見方や考え方をもつ。 ◆思考・表現 体内を通った水が、葉まで運ばれたことに着目し、水は、水蒸気となって植物の体外に出ていったという見方や考え方をもち、根から吸い上げられた水が、植物の体内を通り、空気中に出て行ったことを表現している。

◎子どもの活動　　○予想される反応	■教師の指導　　◆評　価
【問題をつかむ】 ◎新しくできたジャガイモの中には何があるのかを調べる。 問題：新しくできたジャガイモにあるでんぷんは，どこでつくられたのだろう。 【追究する】 ◎でんぷんがつくられる場所の予想や仮説をもつ。 ◎日光に当てた葉と日光を当てない葉を比べるように実験の計画を立てる。 ◎遮光した葉とそうでない葉で対照実験をして，日光の当たっている葉ででんぷんをつくっていることを調べる。 ◎条件を変えた葉にでんぷんができているかどうかをヨウ素でんぷん反応によって確かめる。 【結果を整理する】 ◎日光に当てた葉は，ヨウ素液をかけると青紫色に変化し，遮光した葉は，変化しなかった。 【考察し結果を導く】 ◎実験の結果から，どこででんぷんがつくられるのかについて考察する。 ◎結果を考察しジャガイモの葉に日光が当たるとでんぷんができるという見方や考え方をもつ。 ○子どもの反応 　ジャガイモの葉に日光が当たると、葉で、でんぷんがつくられる。	■第5学年「植物の発芽，成長，結実」での学習を想起させるようにする。 ◆思考・表現 日光とでんぷんのでき方との関係について推論し、仮説を導いている。 ■調べる葉を全て遮光して，その内の1枚を使い，でんぷんができていないことを確認してから条件を変える。

指導のポイントと子どもが思考・表現するための工夫

【既習内容を想起させ，仮説を立てる活動の設定】

○本展開では，植物が成長するために必要なでんぷんが，どこでつくられたかを考える。第5学年の学習で，日光の当たる方がよく成長し，日光が当たらない方は，あまり成長しなかったことを想起させる。これにより，植物が成長のために必要な養分であるでんぷんがつくられるには，日光が関係するのではないかという仮説をもたせることができる。ここでは，植物体の葉や茎，根などのどこででんぷんがつくられるのかを確かめておくことも重要である。そして，日光を当てた葉と日光を当てない葉を比較できるように，計画することが大切である。

【日光が当たることによってでんぷんがつくられることを確かめる活動の設定】

○ここでは，日光の当たっている葉ででんぷんをつくっていることを遮光した葉とそうでない葉で対照実験をして調べた。それを，確かにするために「遮光しておいた葉に光を当てるとでんぷんがつくられるのだろうか。」と働きかける。遮光した葉からは，でんぷんがつくられていないことを確かめ，それから，日光や強い光を当てて，時間の経過と共にでんぷんがつくられていくことを確かめる。こうすることで，児童は，日光が当たることによってでんぷんがつくられることを実感し，自分の言葉で考察をまとめることができる。

一晩遮光した植物に日光を当てる

 日光を当てる前 でんぷんはない

 光を当てて1時間後 でんぷんができてくる

 光を当てて2時間後 でんぷんが多くなる

● 第2次の展開

◎子どもの活動　○予想される反応	■教師の指導　◆評　価
【問題をつかむ】 ◎花がさしてある花びんの水が少なくなっていることについて話し合う。	■根がついているホウセンカや切り花を花瓶に入れておくと，水が減っていることに気付くようにする。
問題：水は植物の体内のどこをどのように通っているのだろうか。	
◎「水は植物の体のどこをどのように通っているか」について，予想や仮説を立てる。	■ルーペや実態顕微鏡などで植物を観察する。できれば，切り取った断面なども観察させる。このときに，水がしみ出てくる様子も観察できる。
【追究する】 ◎ホウセンカに着色した水を吸わせ，植物の体のどこに水が通っているかを調べる。	◆ホウセンカの体内を水がどのようにどこを通っているのか，推論しながら説明し，仮説を立てている。
【結果を整理する】 ◎茎や葉を様々な方向から切って，水の通り道を観察し，記録する。	◆自分の予想や仮説と茎や葉を切って観察した結果を照らし合わせて考察している。
【考察し結論を導く】 ◎観察の結果から，植物の体のどこに水がどこを通っているかを考察する。 ○子どもの反応 　水は，ホウセンカの根，茎，葉の中の細い管を通って，すみずみまで行き渡っている。	

指導のポイントと子どもが思考・表現するための工夫

【水の通り道を意識させる活動の設定。】

○児童は、これまでの栽培経験や既習内容から、植物にとって水が必要であることを知っている。ここでは、植物の世話で欠かさず水をあげた経験や水をやると植物が生き生きする様子を想起させる。また、切り花を入れた花瓶を用意しておくことで、花瓶の水が減っていくことに気付かせる。このように、水の行方と共に水が植物のどこに通っているのかを意識させることで、追究する問題を把握させていく。

【仮説を立てるための観察の設定】

○児童に、自分の考えをもたせるには、児童が自分の考えをもつために助けになる情報をたくさん用意することが重要である。そこで、根、茎、葉ごとの体のつくりや内部の組織に着目させるためにルーペや解剖顕微鏡などを使って植物の体を観察したり、植物の体の茎や葉や根などを切ることによって水がしみ出してくる現象を観察したりする。

また、水は人間や動物にとっても必要であることを取り上げることによって、生命としての共通性を意識させたり、私たちの体と同じように植物の体にも隅々まで水が行き渡っているのではないかという推論をもたせたりすることができる。このような活動によって、児童は、観察した結果に基づいて水の通り道について推論し仮説を立てることができるのである。

そして、児童は、植物の体の中を水が通る様子についても、「血管のように管がある」、「スポンジのようにしみていく」など様々なイメージをもっているので、植物全体を表した図や茎や葉の断面を表している図、言葉で表すことが重要である。こうすることで、児童は、他者の仮説を理解しやすくなったり、自分の仮説と観察した結果を照らし合わせて考察したりすることができるのである。

B 生命・地球 【土地のつくりと変化】

❶ 単元の目標

　土地やその中に含まれえる物を観察し，土地のつくりや土地のでき方を調べ，土地のつくりと変化についての考えをもつことができるようにする。

- ㋐ 土地は，礫，砂，泥，火山灰及び岩石からできており，層をつくって広がっているものがあること。
- ㋑ 地層は，流れる水の働きや火山の噴火によってでき，化石が含まれているものがあること。
- ㋒ 土地は，火山の噴火や地震によって変化すること。

❷ 言語活動の充実と思考力・判断力・表現力の育成のポイント

　本単元では，土地は砂や岩石などによってつくられ，それが層となって広がっていることを推論する学習である。またその土地の成り立ちが第5学年で学んだ「流水の働き」と関連付けて推論することも必要になる。さらに火山の噴火や地震などによっても土地の様子が変わることを学習し，自然災害とも関連させる学習となる。

　第1次では，実際の地層を見たり，写真や映像を見たりして，地層とはどのようなものなのか考える。「体験から感じ取ったことを表現する」ことに重点が置かれる。また写真や地質ボーリング資料などにより，見えない空間や広がりを考えることになる。複数地点の資料から，「地層は広がりがあって，それがつながっていると考えるとつじつまが合う。」のように推論する。「概念・法則・意図などを解釈し，説明し合ったり活用したりする」ことにつながる。

　第2次では，地層はどのようにできるのかモデル実験を行うことになる。しかし，モデル実験と実際の地層のでき方についてはスケールも時間も大きく異なる。モデル実験で行われた結果が，実際の地層のでき方のどこの部分に当たるのか，言語活動を十分に活用して関連付けることが重要になる。「課題について，構想を立てて実践し，評価・改善する」「事実を正確に理解し伝達する」「情報を分析・評価し，論述する」ことが求められる。第5学年での流れる水の働きの学習がおおいに役立つことになる。

　第3次では，火山の活動や地震が土地に変化を与えるときがある。またそれが自然災害として生活に影響を及ぼすことがある。防災教育は昨今の教育課題でもあり，防災意識を高めるとともに「互いの考えを伝え合い，自らの考えを集団の考えに発展させる」ことに重点が置かれる。

❸ 指導の計画（全14時間）

次	○学習活動　　　　◆評価規準（科学的な思考・表現）
第1次 6時間	○実際に地層を見学したり，写真や映像などを見たりして，土地がしま模様になって重なっているものを地層ということを知る。 **問題：土地に見られる地層は，どのようなつくりになっているのだろうか。** ○地層には，礫や砂，泥などの層が重なってできていることを知る。またそれらが岩石となって固まったものもあることを知り，その岩石を観察する。 ○地層には，噴火によって火山灰が降り積もってできたものもあることを知る。 ○地層には，動物や植物などの化石が含まれていることがあることを知り，それらの化石を観察する。また化石が意味するものを考える。 ○地層には広がりがあることを，実際に観察したり，写真や地層ボーリング資料などで調べたりしたことを基に推論する。 ◆調べたことを基に，地層は，礫や砂，泥などが層をつくって広がっていると考え，表現している。
第2次 4時間	○第1次で学習をした広がりのある地層が，どのようにつくられたのか考える。 **問題：地層は，どのようにつくられたのであろうか。** ○地層に含まれる石の角が丸いこと，また地層に貝の化石が含まれることがあることから，川や海に関わっているのではないかと考える。 ○砂や泥を混ぜて水を流し，水槽に土がたまっていく様子を観察する。それを何度か繰り返し，地層ができるモデル実験を行う。 ○実験結果から，どのように地層がつくられたのかを考える。 ○写真や映像資料などから，火山の噴火によって火山灰が降り積もって地層ができるとこともあると考える。 ◆モデル実験から，流れる水の働きや，火山の噴火などによって地層がつくられたと考え，表現している。
第3次 4時間	○地震や火山の噴火が起こる前後の様子を写真や映像資料などを見る。 **問題：地震や火山の噴火によって，土地はどのように変化するのだろうか。** ○図書資料やインターネット，資料館や博物館などを利用して，火山活動や地震活動によって土地の様子が変わることを調べる。 ◆いくつかの資料を基に，地震や火山によって地面の様子が変わったり，土地の様子が大きく変わったりすることがあると考え，表現している。 ○自然災害に向けての防災意識を高めたり，被害を最小限にするために各諸機関が様々な防災対策を行っていることを知ったりする。

❹ 授業づくりと指導の実際

● 第1次の展開

◎子どもの活動　　○予想される反応	■教師の指導　　◆評　価
【問題をつかむ】 　◎実際に地層を見たり，写真や映像を見たりして，土地がしま模様になって重なっているものを地層ということを知る。 問題：土地に見られる地層は，どのようなつくりになっているのだろうか。 　○どうしてしま模様に見えるのかな。 　○しま模様の奥はどのようになっているのかな。 【追究する】 　◎しま模様の一つ一つの層に含まれるものの違いを見付ける。 　○層によって，小石が含まれていたり，砂が含まれていたり，泥が含まれていたり。含まれるものが違うから，しま模様に見えるのかな。 　◎層の中に，化石が含まれるものがあることを知る。 　○石のように固い岩石になって層をなしているものもあるよ。 　◎いろいろな岩石を観察する。 　◎実際に観察したり，写真や映像資料，ボーリング資料を用いたりして，地層の広がりを考える。 【結果を整理する】 　○少し離れた所の層も同じ順序の重なりをしている。違う場所のボーリング資料も同じ順序の重なりをしている。 【考察し結論を導く】 　○地層が広がっていると考えると，つじつまが合った説明ができる。 結論：地層は，礫や砂，泥などが層をつくって広がっていると考えることができる。	■地層が見られる露頭があれば実際のものを見させたいが，近くにない場合には写真や映像を見せることによって理解させる。 ■離れた地層同士が同じ模様になっている様子や地層に奥行きがあるものを見る。もしくは写真などにより地層に広がりがあることが分かるものを提示する。 ■それぞれの層に積もっているものが違うから，しま模様になっていることをつかませるようにする。 ■地層に含まれる化石によって，地層が出来たときの気候や年代，どのような土地であったのかを推測できることを考えさせる。 ■時間をかけて強くおされると岩石になることを指導し，いろいろな岩石の特徴を観察させる。 ■離れた場所のボーリングサンプルであっても，層の重なりの順序が同じことに気付かせ，層の広がりを推論できるようにする。 ◆調べたことを基に，地層は，礫や砂，泥などが層をつくって広がっていると考え，表現している。

指導のポイントと子どもが思考・表現するための工夫

【実際の地層を見たり，写真や映像を見たりして，問題を設定】

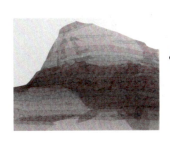
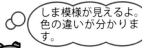
しま模様が見えるよ。色の違いが分かります。

道路の右と左でもしま模様が同じになって見えるよ。

○実際の地層を見たり，大きい地層の写真や切り通しで左右のしま模様が同じに見える写真など見たりすることによって，地層には広がりがあることをつかませるようにする。

【地層のでき方につながる観察をさせる】

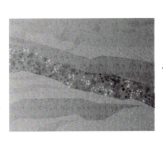

模様によって，砂や石などの違うものがふくまれているよ。

貝の化石がふくまれているよ。どうして貝がふくまれているのかな。

○地層には，石や砂が含まれて模様ができていることをしっかりとつかませる。さらに，その石や砂は角が丸いことを観察させておくと地層のでき方につながる学習となる。

○地層には化石が含まれることがあることをつかませる。その際，化石が含まれている意味についても考えさせる。例えば貝であれば，その地層は海か川であったと考えられる。このことも地層のでき方につながる学習となる。

○離れていても同じ地層の重なるになっていることから，我々が住む土地の下にも地層が広がっていると考えられるようにする。

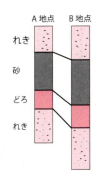

離れたところのボーリング調査でも，同じような地層の重なりになっているよ。

●第2次の展開

◎子どもの活動　○予想される反応	■教師の指導　◆評　価
【問題をつかむ】 問題：地層は，どのようにつくられたのであろうか。 　○地層に含まれる石の角が丸いから，流れる水の働きによってつくられたのではないかな。 　○貝の化石が含まれることがあることから，川や海の底でつくられたのではないかな。 【追究する】 　◎モデル実験として砂や泥を混ぜて水を流し，水槽に土がたまっていく様子を観察する。それを何度か繰り返し，地層ができる様子を観察する 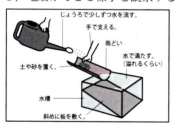 【結果を整理する】 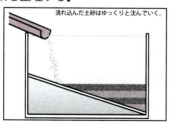 【考察し結論を導く】 　◎実験結果から，どのように地層がつくられたのかを推論する。 【追究する】【結果を整理する】 【考察し結論を導く】 　◎写真や映像資料などから，火山の噴火によって火山灰が降り積もって地層ができることを調べる。 結論：地層は，流れる水の働きや，火山の噴火などによって地層がつくられたと考えることができる。	■第1次で学んだ広がりのある地層がどのようにつくられたのか，既習事項や生活経験を基に考えるようにうながす。 ■第5学年流れる水の働きでの学習事項を事前に教室掲示などで示しておくと良い。 ■何を調べるためにモデル実験をしているのかを見失わないように，地層のでき方とモデル実験との関係を常に意識させるようにする。 ■砂と石を混ぜたものを流し，しばらく時間をおいてから再度，砂と石を混ぜたものを流すと層が見やすくなる。 ■水槽の横からみた様子をしっかりと記録に残すようにする。 ■モデル実験では時間の経過を体感することができない。これに関しては，様々な資料や視聴覚機器を用いることも考えられる。 ■火山の活動に関しては，写真や映像などの資料を積極的に活用する。 ◆地層は，流れる水の働きや火山の噴火などによって地層がつくられたと考え，考察している。

指導のポイントと子どもが思考・表現するための工夫

【根拠を明らかにした予想や仮説の設定】

○第5学年での学習や前時までの学習を整理し，根拠を明らかにした仮説を立てる。

地層の中には角のない砂や石が入っていたよ。流れる水の働きによって角がなくなったのかな。

貝の化石がふくまれていたということは，この地層は川か海でできたのかな。

○角のない砂や石が地層に混じっていることを根拠に，川から流された砂や石が地層となって積もったのではないかと考えるようにする。
○貝の化石が含まれていることを根拠に，地層は川や海で地層ができたのではないかと考えるようにする。

【モデル実験が何を意味しているのかはっきりさせる】

○モデル実験が地層のでき方の何にあたるのか，しっかりと考えさせる。

【モデル実験や視聴覚教材などを関連させて土地のでき方を考える】

○地層のでき方の一つとして，火山の降灰によるものもあることを理解させる。また降灰は地層として見られないことがあることも写真や映像資料などを用いて理解させる。
○地層が見られる土地になるためには，とても長い時間がかかっていることをしっかりとつかませたい。また高い山の上でも地層が見られることから，昔は海であったということも考えさせたい。時間と空間をこえたロマンも味わわせたい。

参考文献：角屋重樹『小学校　新理科の考え方と授業展開』文溪堂　2009
角屋重樹・石井雅幸・福田章人『これでばっちり！観察・実験の指導』文溪堂　2012

■ 著者紹介 ■

無藤　　隆（むとう　たかし）[編集]
栗原　淳一（くりはら　じゅんいち）[編集]

 青山ひとみ　　　世田谷区立祖師谷小学校・主任教諭
 川原　哲郎　　　江東区立豊洲小学校・副校長
 栗原　淳一　　　群馬大学大学院教育学研究科・准教授
 小池　千秋　　　前橋市総合教育プラザ・館長補佐兼
 　　　　　　　　教育研修センター所長
 阪本　秀典　　　江戸川区立下小岩小学校・主幹教諭
 佐藤　弘典　　　世田谷区立塚戸小学校・副校長
 髙橋　　修　　　江東区立砂町小学校・校長
 鳥居　　圭　　　新宿区立戸塚第一小学校・副校長
 日暮　利明　　　前橋市立荒牧小学校・教諭
 増田　伸江　　　お茶の水女子大学附属小学校・教諭
 益田　裕充　　　群馬大学教育学部副学部長・教授
 無藤　　隆　　　白梅学園大学大学院研究科長・教授

[イラスト]　　　　マーブル・プランニング

[表紙絵提供]　　赤碕保育園

資質・能力の育成を目指す！
子どもが思考し表現する理科の授業づくり

2017年1月15日　第1版第1刷発行

●編著者	無藤　隆／栗原淳一
●発行者	長渡　晃
●発行所	有限会社　ななみ書房
	〒252-0317　神奈川県相模原市南区御園 1-18-57
	TEL　042-740-0773
	http://773books.jp
●絵・デザイン	磯部錦司・内海　亨
●印刷・製本	協友印刷株式会社

©2016　T.Muto　J.Kurihara
ISBN978-4-903355-51-1
Printed in Japan

定価は表紙に記載してあります／乱丁本・落丁本はお取替えいたします